डूब-धान

दूब-धान

अनामिका

वाणी प्रकाशन

वाणी प्रकाशन

4695, 21-ए, दरियागंज, नयी दिल्ली 110 002

फ़ोन : +91 11 23273167 फ़ैक्स : +91 11 23275710

शाखाएँ

अशोक राजपथ, पटना 800 004, बिहार

कॉफ़ी हाउस कैम्पस, महात्मा गांधी मार्ग, इलाहाबाद 211 001, उत्तर प्रदेश

महात्मा गांधी अन्तरराष्ट्रीय हिन्दी विश्वविद्यालय, वर्धा 442 001, महाराष्ट्र

सुल्तानिया रोड, मोतिया पार्क, भोपाल 462 001, मध्य प्रदेश

www.vaniprakashan.in
marketing@vaniprakashan.in
sales@vaniprakashan.in

DOOB-DHAN
by Anamika

ISBN : 978-93-89563-05-4
Poetry Collection

प्रथम संस्करण 2019

मूल्य : ₹ 199

जयंत प्रिन्टरी एलएलपी, मुंबई-2 में मुद्रित

वाणी प्रकाशन का लोगो मक़बूल फ़िदा हुसेन की कूची से

उन अपने बउआ-देवर
अणु सव्यसाची को छुटकी भाभी की
श्रद्धांजलि–
ओएनजीसी की अपनी इंजीनियरी जिन्होंने
सम्बन्धों पर भी लागू की
(पत्थरों का भी स्निग्ध पक्ष ही हरदम उजागर किया,
पत्थरों में भी 'नेह' के अगम स्रोत ढूँढ़े)

प्राक्कथन

बचपन में कवि-पिता, श्यामनन्दन किशोर के साथ कविता की 'अन्त्याक्षरी' और 'समस्यापूर्ति' खेलते हुए जो काव्य-यात्रा आरम्भ हुई, उसने चीज़ों को गौर से देखना और ध्यान से सुनना निश्चित ही सिखाया! तब से अब तक कविता का परिदृश्य काफ़ी बदला है! आई.टी. प्रोफ़ेशनल की लय में कविता-प्रोफ़ेशनल बढ़े हैं! पूरे वर्ष में अनगिनत काव्य-पाठ हर संस्था कराती है! विदेशों में रचनात्मक लेखन की जो कक्षाएँ लगती हैं, उनमें सबसे ज़्यादा प्रत्याशी काव्य-लेखन की ओर उन्मुख होते हैं! हालाँकि कविता नाम की यह विधा स्वयं 'प्रतियोगिता' के परे जाकर 'सहकारिता' में रमने की बात कहती है (नाटक से संलाप, कथा से कथानक, संगीत से लय, चित्रकला से बिम्ब लेकर बढ़ता है इसका शिल्प), फिर भी हज़ार 'काव्य प्रतियोगिताएँ' आयोजित होती ही रहती हैं। 'इण्टरनेट' जब से हवाई फायर के गुरिल्ला बेस की तरह विकसित हुआ है, रात-बिरात 'वॉट्सऐप' समूहों पर कविताएँ कुरुलिया चिड़िया-सी लगती हैं चूँ-चूँ करने! देशी-विदेशी कविताओं के अच्छे अनुवाद जो 'इण्टरनेट' पर सहज उपलब्ध हैं, उससे नये कवि भरपूर गपशप करते हैं जिससे काव्य-भाषा गहरे अर्थों में अन्तःपाठीय हुई है—चटक, शोख, चुटीली!

मेरे पुराने संकलनों से भी कुछ कविताएँ अन्तर्जाल पर और समवेत संकलनों में उपलब्ध हैं, पर ज़्यादातर संकलन बाज़ार में उपलब्ध नहीं, इसका उलाहना समय-समय पर शोधार्थियों और नये पाठकों से मिलता रहा जिन्हें पुस्तकालयों से या मेरे पास बची इकलौती प्रतियों के फ़ोटोस्टेट से एक लम्बे समय तक काम चलाना पड़ता! उन्हीं के स्नेहादेश पर नये कलेवर में वाणी प्रकाशन इन्हें पुनर्मुद्रित कर रहा है, इसका आभार!

मेरा पहले दोनों संग्रह 'शीतल स्पर्श एक धूप को' और 'गलत पते की चिट्ठी' क्रमशः 1975 और 1978 में विहार ग्रंथ कुटीर से छपे थे। मेरे स्कूल की डायरी से उतारकर माता-पिता ने सहज स्नेहवश वे कविताएं निकालकर 'एक कस्बाई लड़की की डायरी' बनी है। 'समय

के शहर में' 1990 में छपा था, 'बीजाक्षर' 1993 में, 'अनुष्टुप्' 1998 में, 'कविता में औरत' 2005 में, 'दूब-धान' 2007 में ।

मैं मुजफ़्फ़रपुर से उच्च शिक्षा के लिए दिल्ली विश्वविद्यालय 1982 में आयी। 1982 से 1998 तक के मेरे ये वर्ष इतने नये तरह के अनुभवों के कपाट मेरे सामने धकाधक खोलते चले गये कि मैं दंग। इसी बीच पिता का साया भी सर से उठ गया। मात्र इक्यावन साल के परमस्नेही और हँसमुख पिता ये कहकर गये कि मृत्यु का मातम क्या मनाना, उसी तिथि पर 'गुड़िया' की शादी कर देना जिस पर मैं तय कर गया हूँ... और महीने-भर के भीतर शादी कर भी दी गयी! लम्बे समय तक तो मैं अवाक् ही रही। उसके बाद धीरे-धीरे जो कविताएँ फूटीं—उनका छन्द नयी माँ के दूध की धार का ही छन्द था! देखते-ही-देखते वात्सल्य मेरे जीवन का स्थायी भाव बन गया! नयी माँ और नयी कॉलेज-टीचर की आँखों से जीवन-जगत् की जो विडम्बनाएँ पढ़ीं, उनका ही सजग साक्ष्य वहन करते हैं ये आगे के सारे संग्रह!

अपने 'समकाल' की पड़ताल करने चलूँ तो कुछ साझा लक्षण सामने आते हैं। मेरी पीढ़ी के अन्य कवियों से मेरा संवाद धीरे-धीरे ही बना और नब्बे के आस-पास ही। सोवियत संघ के विघटन के बाद के अवाक् दिनों में।

—अनामिका

वक्तव्य

वैयक्तिक, सामाजिक, भौतिक, आधिभौतिक जीवन की कोई भी तकलीफ़ जीवन की विडम्बनाओं की एक महीन-सी समझ मनुष्य में अनजाने विकसित कर देती है। पीड़ा इसी अर्थ में प्रक्षालक है—मुक्ति के द्वार खोलने वाली। सृजन के क्षण एक गहरे एकान्त-बोध की उपज होते हैं। यह एकान्त-बोध वितृष्णा या मोहभंग-जन्य क्षणिक मरघट-वैराग्य नहीं होता। यह होता है विडम्बनाओं की पहचान के बाद की निस्संग दृष्टि जो सृष्टि के पहले के महाशून्य से उपजी थी जब ईश्वर को भी अकेला-अकेला-सा लगने लगा था।

शुरू में सिर्फ़ अँधेरा ही अँधेरा था, जल ही जल—फिर शब्द फूटे। शब्द अँधेरे से ही फूटते हैं। यही शब्दों की नियति है—प्रकारान्तर से कविता की नियति। शब्द प्रकाश की वर्णमाला हैं—प्रकाश की पहचान का आदिसूत्र, बीजमन्त्र। अँधेरे में रास्ता टटोलने के लिए जली दियासलाई।

शुरू में आदमी चाहता है इस एकान्त को थपकियाँ देकर सुला देना, क्योंकि यह तंग और बेचैन करता है। पर होता यह है कि थोड़ी देर के लिए बाँहों में ऊँघ भी जाये तो अचानक यह एकान्त लगता है बजने—और इस पर पड़ी थपकियाँ नगाड़े पर पड़ी थपकियाँ बन जाती हैं। इसी प्रक्रिया में शब्द परमाणुओं की तरह नाचते-काँपते कविता की शक्ल में सज जाते हैं ज़रूर, पर जो कहा जाना है—वह कहने से छूट जाता है—हमेशा।

इस उत्तर-आधुनिक परिदृश्य में कविता की स्थिति डाक में खोयी उस चिट्ठी की सी है जो चाहती है कहीं पहुँचना, पर पहुँच नहीं पाती। इस कठिन समय में जब समय से स्थान, देह से मन, समष्टि से व्यष्टि विच्छिन्न हो चला है (नाभिकीय नाल की) उनकी आपसी पकड़ छूट गयी है और 'आकाश से धरती की बन्द है बातचीत'—कविता चाहती है संवाद—आत्मा का आत्मा से, प्रिय का प्रिय से, कटु का मधु से, कल्पना का यथार्थ से, शिल्प का कथ्य से, इन्द्रियों का इन्द्रियों से, सुख

का दुख से, रूप का अरूप से, भाव का रस से, अतीत का वर्तमान से, परम्परा का प्रयोग से—मनुष्य का मनुष्य से। नैहर आयी बेटी से माँ का जैसा अविरल, अभंग, सतत प्रवहमान, सरस हृदय संवाद होता है—कुछ वैसा ही संवाद कविता जन-जन से चाहती है। घर के किसी कोने में अनादृत पड़े वयोवृद्ध, ज्ञानवृद्ध अभिभावक की तरह कविता चाहती है लोगों के सूक्ष्मतम भाव-तरंगों, सुख-दुख, उत्थान-पतन से जुड़ना, पर लोग उसे अभेद्य, अबूझ और अप्रासंगिक समझकर किनारा किये रखते हैं और उसका संवाद हमेशा अधूरा रह जाता है।

संगीत से ताल-छन्द-प्रवाह, चित्रकला, मूर्तिकला से बिम्ब, वास्तुकला से शिल्प और स्थापत्य, नाट्यकला से संवाद, कथा-जगत् से विवरण लेकर कविता अस्मिता से जुड़े गम्भीरतम सत्यों का सन्धान चाहती है। कविता चाहती है हमारे सपनों, हमारी जातीय स्मृतियों को अपना दूध पिलाकर हमेशा के लिए सुरक्षित कर देना। हमारे भीतर का जो कुछ भी कोमल, उत्कृष्ट, मधुर और प्रांजल है—उसका ही बीमा चाहती है कविता।

भाव का अभाव से सम्बन्ध चूँकि घनिष्ठ है, कविता वहीं फलती-फूलती है जहाँ राजनीतिक-सामाजिक-आर्थिक उत्पीड़न का इतिहास लम्बा हो। एशियाई, अफ्रीकी, लातिन, अमरीकी, जर्मन और पोलिश कविताएँ विश्व की बेहतरीन कविताएँ शायद इसलिए हैं कि इन भू-खण्डों ने झेला-भोगा-सहा बहुत है। स्त्रियाँ—विश्व-भर की स्त्रियाँ एक अलग नवोदित राष्ट्र-सरीखी धीरे-धीरे जगती हुई उत्कृष्ट साहित्य रच रही हैं और दे रही हैं एक ऐसी दृष्टि जिसे सारी सृष्टि ही परमाणु के नाभिकीय बन्ध के भीतर नाचती हुई दिखाई दे।

—अनामिका

अनुक्रम

जोगिनिया कोठी

पेड़ हरे स्तन माँ के

गृहलक्ष्मी

बाल-भिक्खु

मायानगरी

जोगिनिया कोठी

आम्रपाली

था आम्रपाली का घर
मेरी ननिहाल के उत्तर!
आज भी हर पूनो की रात
खाली कटोरा लिये हाथ
गुज़रती है वैशाली के खँडहरों से
बौद्धभिक्षुणी आम्रपाली।

अगल-बगल नहीं देखती,
चलती है सीधी—मानो खुद से बातें करती—
शरदकाल में जैसे
(कमण्डल-वमण्डल बनाने की ख़ातिर)
पकने को छोड़ दी जाती है
लतर में ही लौकी—
पक रही है मेरी हर मांसपेशी,
खदर-बदर है मेरे भीतर का
हहाता हुआ सत!

सूखती-टटाती हुई
हड्डियाँ मेरी
मरे कबूतर-जैसी
इधर-उधर फेंकी हुई मुझमें।
सोचती हूँ—क्या वो मैं ही थी—
नगरवधू—बज्जिसंघ के बाहर के लोग भी जिसकी
एक झलक को तरसते थे?
ये मेरे सन-से सफ़ेद बाल
थे कभी भौंरे के रंग के, कहते हैं लोग,

नीलमणि थीं मेरी आँखें
बेले के फूलों-सी झक सफ़ेद दत्तपंक्ति :
खँडहर का अर्द्धध्वस्त दरवाज़ा हैं अब जो!
जीवन मेरा बदला, बुद्ध मिले,
बुद्ध को घर न्योतकर
अपने रथ से जब मैं लौट रही थी
कुछ तरुण लिच्छवी कुमारों के रथ से
टकरा गया मेरे रथ का
धुर से धुर, चक्के से चक्का, जुए से जुआ!
लिच्छवी कुमारों को ये अच्छा कैसे लगता,
बोले वे चीख़कर—
"जे आम्रपाली, क्यों तरुण लिच्छवी कुमारों के धुर से
धुर अपना टकराती है?"
"आर्यपुत्रो, क्योंकि भिक्खुसंघ के साथ
भगवान बुद्ध ने भात के लिए मेरा निमन्त्रण किया है स्वीकार!"
"जे आम्रपाली!
सौ हज़ार ले और इस भात का निमन्त्रण हमें दे!"
"आर्यपुत्रो, यदि तुम पूरा वैशाली गणराज्य भी दोगे,
मैं यह महान भात तुम्हें नहीं देनेवाली!"
मेरा यह उत्तर सुन वे लिच्छवी कुमार
चटकाने लगे उँगलियाँ :
'हाय, हम आम्रपाली से परास्त हुए तो अब चलो,
बुद्ध को जीतें!'
कोटिग्राम पहुँचे, की बुद्ध की प्रदक्षिणा,
उन्हें घर न्योता,
पर बुद्ध ने मान मेरा ही रखा
और कहा—'रह जायेगी करुणा, रह जायेगी मैत्री,
बाक़ी सब ढह जायेगा...'
"तो बहा काल-नद में मेरा वैभव...
राख की इच्छामती,
राख की गंगा
राख की कृष्णा-कावेरी,
गरम राख की ढेरी
यह काया

बहती रही
सदियों
इस तट से उस तट तक!
टिमकता रहा एक अंगारा,
तिरता रहा राख की इस नदी पर
बना-ठना,
ठना-बना
तैरा लगातार!
तैरी सोने की तरी!
राख की इच्छामती!
राख की गंगा!
राख की कृष्णा-कावेरी।
झुर्रियों की पोटली में
बीज थोड़े-से सुरक्षित हैं—
वो ही मैं डालती जातीं हूँ
अब इधर-उधर!
गिर जाते हैं थोड़े-से बीज पत्थर पर,
चिड़िया का चुग्गा बन जाते हैं वे,
बाक़ी खिल जाते हैं जिधर-तिधर
चुटकी-भर हरियाली बनकर।"
सुनती हूँ मैं ग़ौर से आम्रपाली की बातें
सोचती हूँ कि कमण्डल या लौकी या बीजकोष—
जो भी बने जीवन, जीवन तो जीवन है!
हरियाली ही बीज का सपना,
रस ही रसायन है!
कमण्डल-वमण्डल बनाने की ख़ातिर
शरदकाल में जैसे पकने को छोड़ दी जाती है
लतर में ही लौकी
पक रही है मेरी हर मांसपेशी तो पकने दो, उससे क्या?
कितनी तो सुन्दर है
हर रूप में दुनिया!

तुलसी का झोला

मैं रत्ना—कहते थे मुझको रतन तुलसी
रतन—मगर गूदड़ में सिला हुआ!
किसी-किसी तरह साँस लेती रही
अपने गूदड़ में
उजबुजाती-अकबकाती हुई!
सदियों तक मैंने किया इन्तज़ार—
आयेगा कोई, तोड़ेगा टाँके गूदड़ के,
ले जायेगा मुझको आके!

पर तुमने तो पा लिया था अब राम-रतन,
इस रत्ना की याद आती क्यों?
'घन-घमण्ड' वाली चौपाई भी लिखते हुए
याद आयी?...नहीं आयी?

'घन-घमण्ड' वाली ही थी रात वह भी
जब मैं तुमसे झगड़ी थी!
कोई जाने या नहीं जाने, मैं जानती हूँ क्यों तुमने
'घमण्ड' की पटरी 'घन' से बैठाई!

नैहर बस घर ही नहीं होता,
होता है नैहर अगरधत्त अंगड़ाई,
एक निश्चिन्त उबासी, एक नन्ही-सी फुर्सत!
तुमने उस इत्ती-सी फुर्सत पर
बोल दिया धावा
तो मेरे है रामबोला, बमभोला—
मैंने तुम्हें डाँटा!
डाँटा तो सुन लेते
जैसे सुना करती थी मैं तुम्हारी...

पर तुमने दिशा ही बदल दी!

थोड़ी-सी फुर्सत चाही थी!
फुर्सत नमक ही है, चाहिए थोड़ी-सी,
तुमने तो सारा समुन्दर ही फुर्सत का
सर पर पटक डाला!
रोज़ फींचती हूँ मैं साड़ी
कितने पटके, कितनी रगड़-झगड़—
तार-तार होकर भी
वह मुझसे रहती है सटी हुई!
अलगनी से किसी आँधी में
उड़ तो नहीं जाती!
कुछ देर को रूठ सकते थे,
ये क्या कि छोड़ चले!
क्या सिर्फ़ गलियों-चौबारों में मिलते हैं
राम तुम्हारे?
'आराम' में भी तो एक 'राम' है कि नहीं—
'आराम' जो तुमको मेरी गोदी में मिलता था?
मेरी गोदी भी अयोध्या थी, थी काशी!
तुमने कोशिश तो की होती इस काशी-करवट की!
एक 'विनय पत्रिका' मेरी भी तो है,
लिखी गयी थी वो समानान्तर
लेकिन बाँची नहीं गयी अब तलक!

X X X

जब कुछ सखियों ने बताया—
चित्रकूट में तुम बैठे हो लगाते तिलक
हर आने-जाने वाले को—
मैंने सोचा, मैं हो आऊँ,
चौंका दूँ एकदम से सामने आकर!
पर एक नन्हा-सा डर भी
पल रहा था गर्भ में मेरे,
क्या होगा जो तुम पहचान नहीं पाये
भक्तों की भीड़-भाड़ में?
आईना कहता है, बदल गया है मेरा चेहरा,
उतर गया है मेरे चेहरे का सारा नमक
नमक से नमक धुल गया है (आँखों से चेहरे का!)

आँखों के नीचे
गहरी गुफा की
हहाती हुई एक साँझ उतर आयी है!
गर्दन के नीचे के दोनों कबूतर
चोंच अपनी गाड़कर पंख में—
काँपते हैं लगातार—
आँसू की दो बड़ी बूंदें ही अब दीखते हैं वे!

सोचती हूँ—कैसे वे लगते—
दूध की दो बड़ी बूँदें जो होते—
आँचल में होता जो कोई रामबोला—
सीधा उसके होंठ में वे टपकते!

सोचती गयी रास्ते-भर—कैसे मिलोगे!
सौत तो नहीं न बनी होगी
वो तुम्हारी रामभक्ति?

X X X

एक बार नहीं, कुल सात बार
पास मैं तुम्हारे गयी
सात बहाने लेकर!
देखा नहीं लेकिन एक बार भी तुमने
आँख उठाकर!
क्या मेरी आवाज़ भूल गये—
जिसकी हल्की-सी भी खुसुर-फुसुर पर
तुममें हहा उठता था समुन्दर?

वो ही आवाज़ भीड़ में खो गयी
जैसे आनी-जानी-सी कोई भी लहर!
'तटस्थ' शब्द की व्युत्पत्ति
ख़ूब तुमने समझायी, प्रियवर!

एक बार मैंने कहा—
"बाबा, हम दूर से आयी हैं घाट पर,
खाना बनाना है, मिल नहीं रही सूखी लकड़ी,
आपके झोले में होगी?
कहते हैं लोग, आपके झोले में
बसती है सृष्टि,
दुनिया में ढूँढ़-ढाँढ़कर

आ जाते हैं सारे बेआसरा
आपके पास,
जो चीज़ और कहीं नहीं मिली,
आपके झोले में तो रामजी ने
अवश्य ही डाली होगी!"
बात शायद पूरी सुनी भी नहीं,
एक हाथ से आप घिसते रहे चन्दन,
दूसरे से लकड़ी मुझको दी।
सचमुच कुछ लकड़ियाँ झोले में थीं—
जैसे थी लुटिया, आटा, बैंगन,
धनिया, नमक की डली,
एक-एक कर मैंने सब माँगीं
दीं आपने सर उठाये बिना,
जैसे औरों को दीं, मुझको भी!

X X X

लौट रही हूँ वापस...खुद में ही
जैसे कि अंशुमाली शाम तक
अपने झोले में वापस
रख लेता है अपनी किरणें वे बची-खुची
कस लेता है ख़ुद को ही
अपने झोले में,
मैं भी समेट रही हूँ ख़ुद को

अपने झोले में ही!
अब निकलूँगी मैं भी
अपने सन्धान में अकेली!
आपका झोला हो आपको मुबारक!
अच्छा बाबा, राम-राम!

भामती की बेटियाँ

लिखने की मेज़ वही है,
वही आसन
पाण्डुलिपि वही, वही बासन
जिसमें मैं रखती थी खील-बताशा
दीया-बत्ती की वेला हर शाम!
कभी-कभी बेला और चम्पा भी
रख आती थी जाकर चुपचाप
खील-बताशा-पानी-दीया के साथ!

पूरे इक्कीस बरस बस यही जीवन-क्रम—
कुछ देर इन्हें देखती काम में लीन,
जैसे कि देखते हैं सुन्दर मूरत शिवजी की...
पत्थर की मूरत ही बने रहे ये पूरे इक्कीस साल!
फिर एक शाम एक आँधी-सी आयी,
बिखरने लगे ग्रन्थ के पन्ने,
टूटी तन्द्रा तो मुझे देखा
पन्नों के पीछे यों भागते हुए जैसे हिरनों के,
चौंके : 'हे देवि,
परिचय तो दें
आप कौन?'
मुझको हँसी आ गयी—
'लाये थे जब ब्याहकर तो छोटी थी न,
फिर आप लिखने में ऐसे लगे,
दुनिया की सुध बिसर गयी, लगता है जैसे भूल ही गये—
वेदान्त के भाष्य के ही समानान्तर
इस घर में बढ़ी जा रही है

पत्ती-पत्ती
आपकी भार्या भी!
तो क्या मैं इतनी बड़ी हो गयी
कि पहचान में नहीं आती?'

पानी-पानी होकर
इस बात पर
पानी में ही
बहा आये
आप तो
अपनी वह पाण्डुलिपि,

जो मैं नहीं दौड़ती पीछे–
पृष्ठ बीछ ले आने पानी से,
गडमड हो चुकते सब अक्षर...
घुल जाती पानी में स्याही,
शब्द पर शब्द फिसल आते...
मेहनत से मैंने वे अक्षर भी बीछे,
जैसे कि चावल,
अक्षर पर अक्षर दुबारा उगाये
अपने सिन्दूर और काजल से,
भूर्जपत्र फिर से सिले–
ताग-पात ढोलना लगाके!
अक्षर पर अक्षर
अक्षर पर अक्षर...
अक्षर मैं
और आप अक्षर,
टप-टप-टप-टप
ये लो,
रोते हैं क्या ज्ञानी-ध्यानी यों?
क्यों रो रहे हैं जी?
चुप-चुप...!
" 'भामती टीका' तुम्हारी यह–
तुमने ही लिखी यह दुबारा
पहले भी तुमने लिखी थी–
हर शाम दीये की लौ से

जो लिखा था तुमने
अँधियारे की स्लेट पर–
मैंने बस भाष्य किया उसका...
तो जगत में ग्रन्थ 'भामती टीका' के ही नाम से
जाना जायेगा!"

लिखने की मेज़ वही है, वही आसन
पाण्डुलिपि वही, वही बासन...
ग्रन्थ लिख रही हैं पर
भामती की बेटियाँ!
आपके जाने के बाद
मैंने पढ़ाया इन्हें
पाठशाला भेजकर!
दीये से नहीं, नहीं छाया से
इन्होंने अपनी कलम से लिखा है जो
आपके समानान्तर–
भाष्य उसका
करने बैठेंगे जब
सारे ये दिग्दिगान्तर,
मैं चैन की साँस लूँगी–
कृपा नहीं, प्रेम का प्रसाद भी नहीं लेंगी,
भामती की बेटियाँ
ग्रन्थ अपने स्वयं ही रचेंगी
लगातार
इसी तरह
हर युग में!

राधा की बेटियाँ

दृश्य : एक

'अतिमलीन बृषभानुकुमारी,
हरिस्रमजल भींजे उर-अंचल
तेहि लालच न धुआवति सारी!'

"ए अम्मा,
चलो, आज धोकर रहूँगी मैं साड़ी तुम्हारी!
चलो, चलें, यमुना के तीर...
अच्छा-अच्छा, खोलना मत
आँचल बढ़ा देना यों ही!
अम्मा, ये क्या देखती हो तुम?
क्या रखा है चाँद में?
अम्मा, ये उसके भी सिर पर
मुस्काता बैठा है जो दाग—
क्या उसके दूल्हे ने
मार-मार कर माथा फोड़ा होगा उसका
किसी शाम?
क्या चाँद औरत है, अम्मा?
                कौन उसकी ख़ातिर
                बंसी बजाता है?
बंसीबजैया भी उतने ही निष्ठुर
क्यों होते हैं
जितने माथाफोरैया?"

दृश्य : दो

"न नौ मन तेल होगा,
न राधा नाचेगी"

राधाएँ जो
नाच नहीं पातीं,
नाच के बारे में
सोचती तो होंगी कुछ-कुछ!
अम्मा नाची थी
एक अजब नाच
नौ मन की अपनी गृहस्थी के साथ!
हारी—बीमारी
चौका—चूल्हा
एक कामकाजी,
परमसख़्त दूल्हा—
दूल्हा जो प्रतिबद्ध था तो ज़रूर
जैसे कि गैया से गैया का बछड़ा।
सानी-पानी,
आनी-बानी के बीच
अम्मा ने दूल्हे को पाला,
फिर हमको...
और फिर वक़्त भी निकाला
कि नाचे
सब चाँद-तारों के साथ
जैसे कि नाच रही है धरती,
नाच रहा है यमुना का पानी,
नाच रहे हैं सब आनी-बानी
एक अथक नाच!
नाच रहे हैं
झूठ-साँच
कैसे होंगे वे कन्हाई—
अम्मा के क़िस्सों में
छूट गया है उनका मोरपंख,
छूट गयी है बाँसुरी!

एक दिन मैंने छूकर
देखा गोवर्धन,

उससे भी आवाज़ आयी
उस अस्फुट जल की
जो नींद में
अम्मा की
कुनमुनाता है
हर रात
जब मैं उढ़ाती हूँ चादर
उसको उसके ही
अधूरे सपन की!

मरने की फुर्सत

(एक रेड इंडियन लोकगीत के आधार पर पल्लवित)

ईसा मसीह
औरत नहीं थे
वरना मासिक धर्म
ग्यारह बरस की उमर से
उनको ठिठकाये ही रखता
देवालय के बाहर!
बेथलेहम और यरूजलम के बीच
कठिन सफ़र में उनके
हो जाते कई तो बलात्कार
और उनके दुधमुँहे बच्चे
चालीस दिन और चालीस रातें
जब काटते सड़क पर,
भूख से बिलबिलाकर मरते
एक-एक कर—
ईसा को फुर्सत नहीं मिलती
सूली पर चढ़ जाने की भी!
मरने की फुर्सत भी
कहाँ मिली सीता को
लव-कुश के
तीरों के
लक्ष्यभेद तक.?

पेड़ हरे स्तन हैं माँ के

पूरे चाँद की रात

(1)

जैसे कि कीट-पतंग
पीते हैं सत्त और पानी
मिट्टी से,
मिट्टी में लोट-पोटकर
उतना भीतर जाकर
जितना जाया जाता है उनसे—
इत्ते-इत्ते अपने आठों पाँवों से
लगातार ही मिट्टी भेदते हुए,
        मैं भी हुलचुल-हुलचुल,
        टकदुम, ढुलमुल-ढुलमुल,
        गिरती-उठती, उठती-गिरती
        करती हूँ अपने सत्त और पानी की इन्तज़ाम—
        सेंध लगाकर मिट्टी में
        बारीक काँटों से
        जो मेरे पूरे वजूद पर कायम हैं
        छटपट-से हाथ-पाँव, छितिर-बितिर रोएँ बन!
जैसे कि धरती का रोआँ है घास,
मेरे ये काँटे ही मेरे रोआँ हैं!
इनसे मैं पीती हूँ
दुनिया का सारा उजास और गीलापन,
पीलापन, नीलापन, कातरता, ढीलापन!

(2)

कल मैं सोयी मिट्टी पर
हरसिंगार के नीचे
बीरबहूटी बनकर!
बीर और बहूटी?
बेमेल लगता है न यह गठबन्धन!
बहू-बहूटी वगैरह को नहीं शोभतीं वीरताएँ,
पर मिट्टी पर यानी खुले आसमान के नीचे
एक अकेली औरत का
ऐसे सो पाना
एक पराक्रम है पूरा!
अंदेसे चमकते रहे जुगनुओं की तरह रात-भर,
फिर भी मैं सोयी, हाँ सोयी, बीरबहूटी बनकर!
सोयी कि जैसे सोयी थी खुसरो की गोरी—
अपनी सेज पर
मुख पर डारे केस
मैं सोयी सारी दिशाएँ ओढ़कर,
चाँद हँस रहा था ऊपर!

चन्द्रखिलौना

थपकियाँ देती हुई हमको
अक्सर ही नानी
हमें भूलकर
जो-सो बतियाने लगती थी
बादलों के चाँद से–
जैसे कि गर्भिणी
धारण करती है अपना गर्भ–
तू पूरी पृथ्वी धारण कर, ऐ चाँद!
हे देवसोम! असूर्य,
उतर जलों के भीतर,
जैसे कि जल औषधियों में,
संकल्प मन में–उतर!
तू पूरी पृथ्वी धारण कर!
बचपन में सुनी हुई कुछ बातें
उतर रही हैं मन में
जैसे कि चाँद पानियों में,
जल औषधियों में, संकल्प मन में!

कहती थी नानी,
हृदय चाँद का घर है!
मगज में रहा करती है चिलचिलाहट, चकाचौंध
पर मन में झरता है निर्झर
अमृत का!
लम्बे चालीस बरस बीते
पर नानू, ऐसा मुझको
एक क्षण भी क्यों नहीं लगा?

तुम भी क्या ख़ुद को बस यों ही बहलाती थी?
खेलती थी देव-प्रतिमाओं से?
जी को ख़ुश रखने को
ऐसे ही जोई-सोई कुछ-कुछ गाती थी?
जैसे कि गर्भिणी
पूरी समरसता से
धारण करती है अपना गर्भ
तुमने धारा कितना धीरज!

गयी रात का प्लेटफ़ॉर्म

गयी रात का प्लेटफ़ॉर्म–
खाली, ढनमन!
एक-एक कर छूटी सब गाड़ियाँ
गयीं जहाँ जाना था!
अँगड़ाई में उठे हाथ बने सिग्नल!
किसी विकट जम्हाई-सा
फैला चिरकुट अँधेरा,
तुड़ी-मुड़ी प्लेटों और फूटे हुए कुल्हड़ों पर
डाली उसने एक
उचटी नज़र!
भीख का कटोरा
पहन टोप की तरह
फिर उसने
एक बड़ी मीठी-सी सीटी बजायी!
पता नहीं कौन एक ह्वीलर था ऐसा
जिसने शुरू कर दिया सिलसिला
भागा-भागी में भी पढ़ने-पढ़ाने का!
क्लॉसिकों का
एक स्टॉल भी है
मेरे कोने पर!
बन्द पड़ा है लेकिन है तो!
भीग रहा है इसका
धूसर तिरपाल
धीमी-धीमी-सी इस झीसी में।

गनीमत

भीगे पौधों में
कंघी कर रही है हवा
एक अजब ख़ुशबू हवा में है–
बच्चे के पुलुर-पुलुर चानी की ख़ुशबू–
ग्राइप वॉटर और सरसों के तेल से नहायी हुई
हरी-हरी ख़ुशबू!
पेड़ हरे स्तन हैं माँ के!
पेड़ों के ऊपर
नाचती हवा भी हरी है
और समुन्दर के ऊपर की नीली!

कैसी अजब बात है
कि अभी भी
धूप-धुआँ-धूल से झँवाई हुई दुनिया में
रंग बचे हैं ज़िन्दा
ख़ुशी सिर्फ़ 'मज़ा' नहीं है,
खनक सिर्फ़ सिक्कों में हो,
ऐसी बात नहीं!
खनक रहे हैं
अब भी कुछ फ़लसफ़े
खाली जेबों में!

धनकटनी

(वररुचि को समर्पित)

धान के बिछुड़ने के भय से
खेत का पानी भी
दुर्बल हुआ जा रहा है!
देखो, कैसे सर झुकाये खड़ी हैं
धान की पकी बालियाँ :
जन्म से मेरे ही साथ बढ़ा
और सम्पन्न हुआ
पानी अब कहाँ जा रहा है?
धान काटने वाला हॅसया भी
गमछे में मुँह छुपाए बैठा है, देखो!
विदा की घड़ी
अपनी दुल्हन को
अपनों से लिपट-लिपटकर रोते
देखते हुए
ख़ुद भी रुआँसा हो जाता है जो—
उस दयालु दूल्हे की आँखों-सी नम हैं
आँखें इस हँसिया की।

दोपहर

जेठ

चुल्लू-भर चिप-चिप-सी धूप थोप
बरगद की चानी पर
उँगली से सुलझाये जाती है उसकी जटाएँ हवा!
मनिहारिन-सी
मारकर पालथी
जेठ की दुपहरी
सजाती है अपना बाज़ार—
रोल-गोल्ड की पत्तियाँ-डालियाँ,
बिन्दियाँ चूड़ियाँ फैन्सी
पसरी पड़ी हैं
काँच के छोटे-से बक्से में
धूसर-से गमछे पर!

माघ

जाड़े की दोपहरी—
आपस की बात ज्यों
अधूरी!

डाकिया

एक और खाकी-सा दिन
सामने से घर के
खड़काता साइकिल बढ़ा!

चिट्ठी नहीं आती–
पिजन-होल खाली है :
कबूतर नये घर
बनाते होंगे
कहीं और!

शाम

ढल गयी है शाम टेबल पर
साँस ठण्डी छोड़कर, कॉर्डिगन ढीली कर!
कर्णफूल, नहीं कान से सूखे पत्ते उतार
अँगड़ाई लेती है धूसर कनेर।
धूप की साड़ी में सलवट पड़ गयी है।
केतली में खौलता है अँधेरा।
तश्तरी में सैंडविच बासी है या कि चाँद
हो गयी जो वक़्त के दफ़्तर में छुट्टी—
क्रेश की खिड़की से
वे तारे झाँकते हैं :
"आ गयी, मम्मा
कि ट्रैफिक में फँसी है?"

गृहलक्ष्मी

लेडीज़ संगीत

वे नाच रही हैं दनादन—
ढोलकों की थाप पर।
बेगानी शादी में अब्दुल्ला दीवाना
हुआ कि नहीं—मैं नहीं जानती,
अलग-अलग दुःखों की टोकरी उठाये
लेकिन ये दीवानियाँ नाच रही हैं दे-दे ताली
जैसे कि क्या जाने किस धुन में
　　　　　　लगातार नाचती है धरती,
धरती की तरह मगर इनका
　　　　　　तय नहीं है कोई ग्रहपथ
और वे हँसती हुई-सी
　　　　　　एक-दूसरे से हैं
　　　　　　बार-बार टकराती!
सब बोलते हैं पर कोई किसी की नहीं सुनता,
शादी के घर की है शायद यही एक परिभाषा!
और प्रेम की? शादी की?
　　　　　　सोच में पड़ी है दुल्हन रानी—
"क्या प्रेम में पड़ना खटाई में पड़ना है, अम्मा?
जो मुझसे प्रेम करेगा—
रात-दिन क्या मेरा मुँह देखेगा?
या मुझको ही देखना होगा टुकुर-टुकुर
उसका अख़बार
जिससे वह मुँह ढाँपकर
बैठ जायेगा जब-तब
　　　　　　गुस्से से बिदकता हुआ?

क्या प्रेम में पड़ना खटाई में पड़ना है, अम्मा?
जो मुझे प्रेम करेगा—
मेरी ही शान में कसीदे पढ़ेगा
या उसके भी दो-दो चश्मे हो जायेंगे—
एक घर का, एक बाहर का—
घर के लिए दोषढूँढ़न चश्मा
और दूसरी औरतों की ख़ातिर
ऐनक वह रंगीन—
आँखों से ही राल टपका देने वाली?

क्या प्रेम में पड़ना खटाई में पड़ना है, अम्मा?
जो मुझसे प्रेम करेगा—
क्या मुझको ले देगा वह उड़नखटोला
या बहला-फुसलाकर
ये मेरे बचे-खुचे पंख भी
खचाक् नोच लेगा?
“ढाई आखर प्रेम के—
ढाई आखर—
ढरक रहा है मेरे जीवन में
ढकिया—भर ढ-ढ-ढ
ढाढस और ढकोसला—
ढ से ढाई,
ढ से ढोल, ढक, ढिठाई,
ढाँक-तोप भी और ढिंढोरा भी
ढाक के वही तीन पात,
ढोल वही गले में पड़ा ढमक-ढम-ढम-ढम-ढम...

तुम्हारा भी अम्मा—
इतना-सा ही बस रहा जीवन
खाली घर-सा ढना-ढन
‘ढ’ से ढाई,
‘ढ’ से ढोल-ढक-ढिठाई

और मूलतः 'ढ' से ढोना-ढोना, केवल ढोना
इसीलिए तो, अम्मा,
दूर की ढोलकिया
लगती नहीं मुझको
सुहावन-वुहावन।"

खण्डिता

समय : सुबह साढ़े सात, एफ.एम. टाइम
स्थान : सीढ़ी के नीचे आलने घेरकर बनाया गया पूजा-घर!
दृश्य : कुर्सी पर दफ़्तर की साड़ी। देह पर एक भीगा कुरता, हाथ में दुर्गासप्तशती।

'या देवी सर्वभूतेषु'...सविता, देखो बेटी, जल तो
नहीं रही सब्ज़ी?
'निद्रारूपेण संस्थिता'...जागा पिंटू, उसे जगाओ, स्कूल-बस छूटेगी।
'नमस्तस्यै नमस्तस्यै'...फ़ोन बज रहा है, उठाओ तो!
मेरा होगा तो कह देना—सी.एल. पर हूँ आज!
सिर दुख रहा है!
'ॐ जयन्ती काली-महाकाली'—अख़बारवाले भैया, रुक लो!
आती हूँ, कर लूँ हिसाब, कल मिल गयी मुझे तनख़्वाह।
(देवी की मूर्ति से मुखातिब)

अच्छा, सुनो देवि,
अब तुम ही मेरी प्रतीक्षा करो।
सदियों से बन्द पड़ी हो मूर्तियों में
अकड़ गयी होगी ये पीठ तुम्हारी
एक मुद्रा धारे-धारे।
कहो तो ज़रा मूव मल दूँ!
किसने कहा था कि खेलो तुम
इतनी मगन होकर स्टैचू-स्टैचू?
लेटो-लेटो, उधर करवट करो,

यह नस दबेगी तो होगा आराम!
बैठी-बैठी देखती रहना—
उफनाकर दूध नहीं गिर जाये!
नमस्तस्यै नमस्तस्यै नमस्तस्यै नमो नमः!

विमानपत्तनम्

मेरी इन
कोल्हापुरी चप्पलों का
अकड़ा हुआ
कीचड़
एयरपोर्ट की इस
महाचकाचक फ़र्श पर
वैसे ही टिमक रहा है
        जैसे पग्गड़
        किसान का
        दमकता है
        कृषि-भवन के
        पोस्टर पर!
'परिचारिका' में 'परी'
दीर्घ इकार भूलकर
हो जाती है
क्योंकर छोटी 'इ'?

एक नन्ही-सी धोबिन (चिरैया)

(गुरु धोबी सिख कापरा
साबुन सिरजनहार)

दुनिया के तुड़े-मुड़े सपनों पर, देखो
कैसे वह चला रही है
लाल, गरम इस्तिरी
जब इस शहर में नयी आयी थी—
लगता था, ढूँढ़ रही है भाषा ऐसी
जिससे मिट जायेंगी सब सलवटें दुनिया की!
ठेले पर लिये आयरन घूमा करती थी
चुपचाप
                सारे मुहल्ले में!
आती वो चार बजे
जब सूरज
हाथ बाँधकर
टेक लेता सर
अपनी जंगाई हुई-सी
उस रिवॉल्विंग कुर्सी पर
और धूप लगने लगती
एक इत्ता-सा फुदना—
लड़की की लम्बी परांदी का!
                कई बरस
                हमारी भाषा के मलबे में ढूँढ़ा—
                उसके मतलब का
                कोई शब्द नहीं मिला!
चुपचाप सोचती रही देर तक,

लगा उसे—
इस्तिरी का यह
अधसुलगा कोयला ही हो शायद
शब्द उसके काम का!
जिसको वह नील में डुबाकर लिखती है
नम्बर कपड़ों के—
वही फिटकिरी उसकी भाषा का नमक बनी!
लेकर उजास और खुशबू
मुलानी मिट्टी और साबुन की बट्टी से,
मज़बूती पाटे से,
धार और विस्तार
अलगनी से
उसने
एक नयी भाषा गढ़ी!

धो रही है
देखो, कैसी लगन और जतन से
दुनिया के सब दाग-धब्बे!

इसके उस ठेले पर
पड़ी हुई गठरी है
पृथ्वी!

सद्गृहस्थ

दो तोषक फटे हुए
लेटे हुए तो हैं
अगल-बगल, बिकुल निस्पन्द!
जो चादर
उन्हें एक होने का
देती रहती थी भरम—
फट गयी है!
तोषकों के नीचे
चिट्ठियाँ, रसीदें, एक्स-रे, रक्त की रपट
और बच्चों के प्रश्नपत्र
मिल-जुलकर रहते हैं!
तोषकों पर जो
स्याही के, दूध और बच्चों की शू-शू के
अनगिन चकत्ते हैं—
इन्हीं चकत्तों में से
झाँक रहा है मेरे जीवन का
नन्हा-सा इतिहास!
एक बार 'झाँ' करके
जैसे फिर छुप जाते थे बच्चे—
जल्दी ही छुप जायेगा
किसी कोने में
फिर से ये!

लेकिन जैसे कि
गोद में किनारों की
रहता है पूरा समुन्दर,
इस नन्हे इतिहास की लुक-झुक में ही
हाब-डीब करते हैं सिकन्दर-कलन्दर।

यौन-दासी

एक गुफा है
मेरी नाभि के नीचे
अपनी ही खूँखारिता से थके
                शेर-चीते-अजगर
                आते हैं कुछ देर सोने यहाँ पर!
एक नये आखेट की ख़ातिर
जाते हैं जब अगले दिन बाहर,
उनके वे टूटे नाख़ून,
                राल, केंचुल
एक अजब बहनापे से देखते हैं मुझे!
मकड़ी के जालों से आती हुई
सूरज की पहली किरण
पड़ती है बुझी हुई धूनी पर!

चौदह बरस की कुछ सेक्स-वर्कर्स

धूप
नन्ही कलाइयों में
झीसी की
सतरंगी चूड़ियाँ पहनती है जब–
कहते हैं–गीदड़ की होती है शादी!
गीदड़ भी कितना
रूमानी होगा
जो शादी की ख़ातिर
करता है इन्तज़ार
ऐसे चकाचक मौसम का!
एक मैं हूँ–हरदम तैयार–
मुझको तो सुदिन-कुदिन नहीं सूझता!
पीली आँधी हूँ मैं
मीराँ के गाँव से चली हूँ–
घुँघरू बिना बाँधे
नाच रही हूँ गोलम-गोल–
जहाँ-तहाँ!
आ जाऊँ अभी, इसी दम–
बोलो–किधर? कहाँ?

X X X

अंकल, तुम भारी बहुत हो!
अच्छा, चॉकलेट खिला दो!
अंकल, तुम्हारे भी बेटीं है?
अच्छा, बोलो, उसका नाम क्या है?
वह भी मेरे-जैसी मज़ेदार होगी!
अंकल, करिश्मा-सी दिखती क्या?

पेट दुख रहा है कुछ मेरा—
होगा, अरे, माहवारी का चक्कर ही होगा!
हटो परे, यह अपना
झक् सफ़ेद शर्ट तो बचाओ!
चुनरी में दाग
लगेला क्या?
X X X
एक दिन आऊँगी मैं टीवी पर
एक अँगूठे की तरह मैं दिखाऊँगी देह—
दूर से!
काया जब छाया की माया बन जायेगी,
ललकारूँगी शोहदों को तब—
"आ बैल, मुझे मार, हिम्मत है तो आ जा!
मरीचिका पी, अरे हिरन, पीके दिखा,
दौड़ मेरे पीछे, दौड़ हाँफ, मर-खप जा!"
X X X
हाँ, हम हमेशा ख़ुश रहती हैं!
हँसती हुई दीखती हैं हम हर ओर—
टीवी में, सारे मुखपृष्ठों/चौराहों पर!
पिटकर या खटकर या छँटकर भी
निकली हों कहीं किसी घर से तो
ज़ाहिर नहीं होने देतीं!
नये ज़माने का तो घूँघट हँसी ही है।
आज औरतों के मुँह पर यही पड़ी है—
एक नये ड्रेसकोड की तरह!
कहती हैं नीलो दी, कहती हैं ठीक ही—
'अबला-जीवन, हलो, तुम्हारी यही कहानी,
'मुख पर डारै' छोटी-सी मुस्कान
सुनो सब आनी-बानी,
लेकिन जो करना है वो ही तुम करो हमेशा,
मन जब फरहर हो तो बाहर का कौन अँदेसा,
फँस गयी हो जाल में तो भी उड़ सकती हो—
एक जाल पर तुम हो सात चिरैया,
जाल-सहित ही उड़ो!'

बसरा की राबिया फ़क़ीर*

बेगम अख़्तर की ठुमरी में
जो मोती हेरा गये थे–रामा–
बसरा के थे!
ठैयाँ का क्या है, बेगम अख़्तर–
बगदाद से बसरा की रेत तक–
मोती बिखरे थे जो–
कोई भी तो ठाँव नहीं जानते थे!
एहि ठैयाँ, मुतिया हेराए गैले, रामा–
एहि ठैयाँ–
ये मोती बसरा के थे
जब ये बिखरे थे पहले-पहल
मैं बसरा से आयी थी बगदाद पैदल।
उस समय की बात है यह
जब बगदाद से औरतें आती थीं बसरा
बैंगनी पालकियों पर
आसमान ओढ़कर!
कहते हैं कि ये जो मोती थे–
उनकी आँखों से झड़े थे।
कुछ कहते हैं–अरे, नहीं-नहीं,
वे जब हँसती थीं, ये झड़ते थे!

---

* इराक-युद्ध के समय सैनिक विधवाओं ने हाथ उठाकर एक समवेत प्रार्थना की थी : युद्ध के ख़िलाफ़! उसी प्रार्थना के शब्द अपने ढंग से सजाने की यह कोशिश मानी जाये।

आती थीं वे
बगदाद से बसरा
बैंगनी पालकियों पर
आसमान ओढ़कर!
लेकिन मैं आयी थी पैदल–
बस अपनी छाँह ही लपेटकर!
तब से अब तक पैदल चली जा रही हूँ
ठैयाँ की छैयाँ तलाशती–
एक सदी से दूसरी लाँघती,
नाप रही हूँ
इश्क़ की मैं हद
मुल्कों की सरहद पे
बिखरे हैं बसरा के मोती।

'एक हाथ में लुकाठी है मेरे
दूसरे में पानी का मटका,
एक से चली हूँ बहिश्त राख करने
दूसरे से लपटें बुझाने दोज़ख़ की!'
मुझमें बजती जाती हैं चिमटियाँ
बाउलों, सूफ़ियों की!
मेरे टूटे घुँघरू
और वे बिखरे हुए मोती
बीनती हुई
नाच रही है मेरी ही लय में
आज तलक धरती!
मेरी इन उखड़ी हुई साँसों में जो भँवर हैं–
नाच रहा है उनमें
सौ पत्तियों का कमल ख़ूनमख़ून।

ये मेरे
दो हज़ार छह सालों से
बढ़ते ही चले गये धुआँ-धुआँ केश
आज अन्धड़ में उड़कर
छाये हैं आसमान पर।

छुपा रहे हैं चाँद-सूरज
उसमें अपना चेहरा!
मेरी ये दूध-भरी छातियाँ
हैं या कि ज्वालामुखियाँ?
मेरी झुलसी बाँहों पर
फिर से उगने तो लगी हैं ये लाल पत्तियाँ।
मेरी वे चाक बेटियाँ
उठ रही हैं फिर
उसी अगिनपाखी-सी।

चटक रहे हैं अंडे
सुलगते हुए घोंसले में।
लेकिन ये जो टप-टप बरस रहे हैं
हव्वा आँखों से
बसरा के मोती नहीं हैं—
सृष्टि के पहले सितारे की हैं
चिनगियाँ।

ख़ुदा के समन्दर में दो जहाज़ उलटे थे—
दोनों से गढ़े गये थे होंठ औरत के!
तूफ़ानों की हाहा—साँय-साँय बहती हैं
दोनों इन उलटे जहाज़ों में।
डरना, उनकी चुप्पी से डरना
बसरा-बगदाद एक करना
कि ठैयाँ नहीं जानती नैया
बिखरे हुए मोतियों की।

बीसवीं सदी

कितना अच्छा है...यह बीसवीं सदी है
अब पिटकर जा सकती हूँ मैं ब्यूटी-पार्लर!
वहाँ मुझे आरामकुर्सी मिलेगी,
और लड़कियाँ बिना कुछ पूछे
कर देंगे मेरी बरफ़-पट्टी!

कितना अच्छा है... यह बीसवीं सदी है
अब पिटकर जा सकती हूँ मैं बाज़ार,
अपने लिए एक टॉफी ख़रीदकर
जल्दी भुला सकती हूँ मुँह का कड़वापन,
सारा मीयादी बुख़ार।

कितना अच्छा है...यह बीसवीं सदी है
बैठे बिठाये,
बिना माथा मुड़ाये
मोह-तन्त्र कटने लगा है!
सारी पटकनिया तो मोह ही खिलाता है!
सबसे 'छुटकर' फ़िराक़, कितनी फ़रागत है
रोबोट बन जाने में राहत ही राहत है।
जादूगरनी जैसे रख आती थी अपने प्राण
किसी चिड़िया में,
रख आऊँ
अपना यह अब भी धक्-धक् करता प्राण-तत्त्व
चुपके से जहाँ—

कोई कोटर मिलेगा
किसी जंगल में
कहो, कहाँ?

कितना अच्छा है... यह बीसवीं सदी है
सब पेड़ कटने लगे हैं
प्राण-तत्त्व की अब ऐसी-तैसी,
बीसवीं सदी है यह, बीसवीं सदी!!!

चिट्ठी लिखती हुई औरत

औरतों के बारे में
माना जाता है
कि वे
चिट्ठियाँ लिखती हैं
धारावाहिक!
इतना उनके भीतर क्या है—
शताब्दियों का संचित—
कि टीक राकस की
पड़ जाती है
उनकी बातों में,
द्रौपदी की साड़ी हो जाती हैं
बातें उनकी!
चिट्ठी लिखती हुई औरत
पी.सी. सरकार का जादू है।
औरत को मिला है ये वरदान
कि वह कहीं भी बैठी-बैठी
हो सकती है अन्तर्धान।
बस में या प्लेटफ़ॉर्म की उकड़ूँ बेंच पर
ऊँघते-उचकते
अचानक सिहरकर
वह मार सकती है पालथी
और सर्कुलर/ठोंगा/पोस्टर पलटकर
लिख सकती है कुछ भी, मसलन
कि 'बहुत याद आती है, आ जाओ!'
पता नहीं कौन
एक छोटी-सी बच्ची है

जो आजकल मेरे दिन बेल देती है
इतने बड़े और बेडौल
कि वे अँटते ही नहीं तवे में
और किनारों के नीचे लपककर
झट चूम लेते हैं
ओठ आग के।
...रात के कलेजे में
बजता है सन्नाटा
और एक थर्राहट बजती है—
गिरे हुए पत्तों और खुले हुए पन्नों की...
तेलिया मसान समय कहता है :
'घूम ताक'...
तुमको सुनाई नहीं देता, पागल? देखो न—घूमकर!

औरतों को डर नहीं लगता
कुछ भी कह जाने में,
उनको नहीं होती शर्मिन्दगी
मानने में,
कि उनमें
पानी है, मिट्टी भी।
पानी और मिट्टी : इन दोनों में से
किसी का
कोई ओर-छोर नहीं होता।
लिखती हैं औरतें इसी से धारावाहिक चिट्ठियाँ!
पानी और मिट्टी
खुद एक धारावाहिक चिट्ठी ही तो हैं
ईश्वर की—
हम सबके नाम!

गृहलक्ष्मी-1

जब तक अठन्नियाँ हैं मेरी मुट्ठी में
कोई नहीं मुझको धकेलेगा बाहर।
बस मेरा नैहर है—बतरस की खान!
कहना नहीं चाहती कुछ भी,
लेकिन सुनना चाहती हूँ—
ऐसे ही, छितिर-बितिर—कुछ-कुछ
जैसे ही पुरधायन मज़दूरनी का
कोई क़िस्सा
सामने की सीट पर
कन्धा जोड़े बैठे प्रेमी-युगल की
वो मद्धिम हँसी,
कोई उपाख्यान...
बस मेरा नैहर है! बतरस की खान!
घर तो नहीं कोई,
लेकिन है हर घर का पिछवाड़ा
मेरा महबूब!
ईंट का सिंहासन दे देता है,
छुपकर पिला देता है चाय!
ज़्यादा सवाल नहीं पूछता,
सुनता है अलाय-बलाय!
अमरूद-जामुन के पेड़ वहाँ,
पेड़ों पर अमरूद बतिया...
बतिया—छोटी बातें
कच्चे अमरूदों की तरह,
अमरूद जिनसे कि फूल अभी नहीं झड़ा।
अमरूद जो पहने बैठे हैं मिलिटरी हरा—

सुनते हुए ये बड़े होंगे
'विविध भारती' पर जवानों की ख़ातिर ही
बजने वाली जयमाला-सेवा!
पिछवाड़े के नल के नीचे सिलबट्टा है!
उसमें भी जब-तब पिस जाता है
धनिया-पुदीना!
कमी नहीं संसार में रस की!
संसार रस का ख़ज़ाना
बालू की छाती पर पानी,
सख़्त शिला की धमनियों में है
तेल का ठिकाना!

गृहलक्ष्मी-2

मैं कैसेरॉल की अन्तिम रोटी हूँ!
कैसेरॉल में ही मैं बन्द रही हूँ अब तक!
पीती रही भाप कुछ दिन तक
ठीक से सिंकी रोटियों की
जो मेरे ऊपर थकियाई गयी थीं!
एक ज़माना वो भी था जब मैं
लुगदी-लुगदी हो गयी थी–
भाप दूसरों की पीती-पीती!
अब, या ख़ुदा, उस उधार की
भाप भी बिलाने लगी है!

ऐंठ रही हूँ भूख से, प्यास से
मेरी चमड़ी टटाने लगी है!
टटाने लगी भी है तो क्या!
गेहूँ की बालियाँ ठुनकती हैं मुझमें अभी भी,
अब तक बची है मेरे भीतर लहलहाहट!
तभी तो लपकती हैं मुझ पर कूड़ा बीनती लड़कियाँ!
तृप्ति से मुँदती चली जाती उनकी वे आँखें
तड़पती हुई भूख का है
टभकता बयान
और मेरे इस 'अनलहक' का
अन्तिम अयान!

गृहलक्ष्मी-3

मैं इस घर की दुछत्ती हूँ—
सिर पर उठा रखा है आसमाँ की तरह
मुझे इस घर ने।
मुझमें है पड़ी हुई
एक टोकरी उथली—
कूड़े-कबाड़े की!
कूड़ा-कबाड़ा भी ऐसा
जिससे न छूटा हो मोह आपका!
जो भी है मुझमें—मैं वो ही हूँ—
एक टूटी वायलिन—
घुँघराली लट की तरह जिसका
लटका है एक तार
अधर में कहीं!
एक भूली-बिसरी धुन मुझसे
अब तक आती है गले मिलने कभी-कभी!
मिलती है गले मगर
कुछ भी नहीं बोलती!
गर्दन उठा मेरा मुँह देख लेती है भर-आँख,
कहती है—इंशाअल्लाह, फिर मिलेंगे कभी!
न कोई तारीख तय, न समय निश्चित
पर है भरोसा, मिलेंगे फिर।

मुझमें है बन्द पड़ी एक दीवार-घड़ी भी!
वो भी हूँ मैं ही!
मेरी चाभी ग़ायब है!

बुलबुल का छोटा-सा अंडा
चुपचाप है मुझमें पड़ा हुआ!
एक उजड़ा घोंसला—
उसमें पंखे की हवा से लगातार
काँपता हुआ तिनका—
वो भी मैं ही होऊँगी, और भला कौन होगा!

मुझमें ही फिंका पड़ा है—
एक खाली टॉर्च
अपने अँधेरों में गुम-सा
जैसे ख़यालों में मैं रहती हूँ गुम-सी
अक्सर!

टूटी हुई एक
तिनपहिया साइकिल
कोंची हुई है मुझी में!
ये ही तिनपहिया चलाता हुआ
इतिहास इतना बड़ा हो गया!

गृहलक्ष्मी-4

वो एक उठी हुई उँगली है,
मैं एक झुका हुआ माथा हूँ!
हम दोनों के बीच है, कुछ है—
लेकिन क्या, लेकिन क्या, लेकिन क्या!
सिर धुन रही है हवा, फिर भी
कुछ उसको समझ में नहीं आता!
इम्तिहान में जैसे
भक्क पड़ गया हो दिमाग़ अगर तो
फूल हाशिए पर बनाता हुआ
तीन घण्टे काट देता है बच्चा,
कुछ फूल मैंने भी बना लिये हैं लेकिन
उन फूलों पर मुझको
एक मिलेगा अंडा,
एक मिलेगा डंडा!
वो चारमीनार है
मैं चूड़ीबाज़ार हूँ हैदराबाद का
काँव-काँव, किच किच के बीच भी कहीं कोई
बची हुई झनकार है—
क्या ये ही दुनिया का नहीं आठवाँ अचरज?
इतनी मारा-मारी है, फिर भी
उम्मीद है और भरोसा है, रस्ते हैं, इन्तज़ार है!

गृहलक्ष्मी-5

बिना स्याही की क़लम
लिखती रही, लिखती रही
जिस पेज पर—वो पेज हूँ बेचैन!
मुझको ख़त्म होना है,
मुझे तुम ख़त्म ही कर दो—
किसी अरेबियन नाइट, किसी क़िस्साए तोता और मैना की तरह
मैं ख़त्म जो होती नहीं
तो मोड़ दो मेरा ये रुख तुम
एक उत्तर-आधुनिक बेअन्त दरिया में!
उसी दरिया में फिर तुम डूब जाओ!
एक बंजर में कुदालों की तरह चलती हुई
मैं थक गयी हूँ—
पोंछ दो मेरा ज़रा माथा कि मुझको नींद आ जाये—
उसके पहले अपने गमछे का सिरहाना
गोल तो कर लो!

मुझे भी भूख लगती है—
कि दोने में मुझे ला दो समोसे
वो जो मैंने एक बंगाली फिलिम में कभी देखे थे—
एक वृद्धा वेश्या के लिए
पन्द्रह मील पैदल जाके लाये थे समोसे
उसके बचपन के किसी साथी ने—
ये इक बात मुझको ज़िन्दा रखती है
किसी भी भुखमरी में।

गृहलक्ष्मी-6

मैंने गोद ले रखी हैं
वे सारी स्त्रियाँ जो तुम्हें जानती थीं
और वे सारे बच्चे
                    जिनके लिए तुमने कभी
                                लेमनचूसें ख़रीदी होंगी,
और मेरी गोद का आयतन
                    लगातार बढ़ रहा है।
एक दिन पुच्छल तारे की बेचैनी में
सिर धुनकर
बृहस्पति से टकराने के पहले
मैंने सोचा–
मेरे पीछे मेरे इतने बड़े कुनबे का
आख़िर क्या होगा?
यह सोचकर मैंने टक्कर स्थगित की,
और मन बदलने की ख़ातिर–
घर की छोटी-मोटी चीज़ों के बारे में
सोचने लगी–
कैसा मेरा रेडियो है
पीकिंग लगाओ तो लग जाता है
सीधा मंगोलिया।
घड़ी सुस्त है मेरी!
और मेरे यन्त्रजगत् का
ज़ोरदार नर्तक, यह पंखा
एक पोज पर

ठहरा है
जाने कब से!

मुझको अच्छा लगता है
सोचकर
कि इस चल-जगत् में
कुछ तो है
जो ठहरा है अब तक
सम भाव से!

गृहलक्ष्मी-7

मैं रोटी बेलती हूँ जैसे पृथ्वी।
ज्वालामुखी बेलते हैं पहाड़।
भूचाल बेलते हैं घर।
सन्नाटे शब्द बेलते हैं, भाटे समुन्दर।
रोज़ सुबह सूरज में
एक नया उचकुन लगाकर,
एक नयी धाह फेंककर
मैं रोटी बेलती हूँ जैसे पृथ्वी।
पृथ्वी—जो ख़ुद एक लोई है—
सूरज के हाथों में
रख दी गयी है
पूरी-की-पूरी ही सामने
कि लो, इसे बेलो, पकाओ,
जैसे मधुमक्खियाँ अपने पंखों की छाँह में
पकाती हैं शहद।
सारा शहर चुप है,
धुल चुके हैं सारे चौकों के बर्तन।
बुझ चुकी है आख़िरी चूल्हे की राख,
और मैं
अपने ही वजूद की आँच के आगे
औचक हड़बड़ी में
ख़ुद को ही सानती,
ख़ुद को ही गूँधती हुई बार-बार
ख़ुश हूँ कि रोटी बेलती हूँ जैसे पृथ्वी।

गृहलक्ष्मी-8

तुम्हारी आँखों की अदालत की
धूल-भरी सीढ़ियाँ उतरते हुए
पहरों में सींकचों के उस पार जाने से पहले
मैं अक्सर यह सोचती हूँ—मेरे न्यायमूर्ति,
कि घर जब घोंसले से मंच बनता है
और मंच से काला कठघरा—
भाव की वकालत नहीं चलती,
ताव की जजी चलती है केवल!
अस्तबल की लँगड़ी-सी घोड़ी
हो जाती है पागल हवा—
नथुनों से धुएँ-सा निकालती,
ज़ार की रियासत के पार खड़ी
आल्या इलोविच की भूरी-सी घोड़ी!
तात्याना घोड़ों को फूल देती है।

गृहलक्ष्मी-9

हाँ, तुम्हारा पिन-कुशन हूँ—
हर नुकीली बात तुम मेरे हृदय में भोंककर
फ़ासलों की फ़ाइलें बढ़ाते हुए
अर्दली से माँगते हो एक ठंडा ग्लास!
कान में घण्टी तुम्हारी चीखती है—
रेत में प्यासे पड़े बच्चे की तरह—ज़ोर से!
फिर तुम्हारे भी हृदय से एक पेपरवेट-सा जब
खिसकता है—
चिड़ियाघर की चिड़ियों की तरह उड़ जाते हैं कितने पन्ने
कमरे की जालियों के भीतर ही—
इधर-उधर!
रोज़ मरी मौतों के दस्तख़त के नाम
सम्बन्धों का पूरा त्याग-पत्र
जेब में भिंचा करता है कभी तुम्हारी,
कभी मेरी मुट्ठियों में क़ैद होता है।

गृहलक्ष्मी-10

अलगनी से कपड़े उतारे,
पोटली में बाँधीं दो छोटी रोटियाँ,
गाँठ में नमक और मिर्च,
बालों से सलवटें निकालीं
डाल लीं मन में
और डोलची में उठाकर
समूची ही दुनिया
नक्षत्रों की यात्रा पर
निकल पड़ी अपनी वह
आख़िरी मुलाक़ात!

मेरा क्या होना था, कुछ नहीं हुआ,
फेफड़ों में भर आयीं नन्ही कंकड़ियाँ—
कुछ दीं समुन्दर में फेंक,
कुछ की मैं खेल गयी गोटियाँ,
कुछ ही हैं जो अब तक
साँसों में गड़ती हैं कभी-कभी
तो मृत्यु के मुँह पर
छींकती हूँ हँसकर तपाक्
ताज़ा हो जाता है
ख़ून का बहाव।

गृहलक्ष्मी-11

गयी रात रोज़ मेरे मन में
कोई पटक-पटककर पोंछे का कपड़ा धोता है
और जब निचोड़ता है आँखों में :
मेरी इस आत्मा के जो निकटतम पड़ोसी हैं—
बहुत ज़ोर-ज़ोर से बिदकते हैं।
सर्फ-मिले पानी-सी चाँदनी,
फेन-मढ़े मोती साबुन-सा यह चाँद
मिलकर भी रातों के दामन का दाग़
नहीं धो पाते!
बुरा वक़्त गिद्धों के डैनों-सा
उड़ा चला आता है सन्नाटा चीरता!
नींद किसी चुहिया-सी छिपती है हर आहट पर
और आँखें दालों के औंधे डिब्बे का
अधखुला ढक्कन हो जाती हैं!
भली-बुरी यादें
बिल्ली की आँख-सी चमकती हैं!

चोटें

चोटें रात को जग जाती हैं!
बच्चा-चोटें घुटनों के बल
धीरे से उठकर
जाती हैं भण्डार की आलमारी तक
और ढूँढ़ती हैं बेसब्री से
सख्ती से बन्द पड़े डब्बों में
खील-बताशे।
डब्बों में तो कुछ नहीं मिलता,
इन बच्चा-चोटों के पीछे
यों ही टहलते हुए आते हैं
दिन-भर के पड़े हुए टीचर के डंडे,
अम्मी के खिन्नमन तमाचे, घूँसे बाप के...
                    और उन खुले हुए, खाली डब्बों में
                    तिलचट्टों की तरह घुसकर सो जाते हैं।
एक अदेखे भूत के डर से
दौड़ती हैं भूखे ही वापस बिस्तर में बच्चा-चोटें
और मारे डर के हाँफ-हाँफकर गाती हैं
आधी-चौथाई सारी प्रार्थनाएँ—
'हमको मन की शक्ति देना...
वैष्णो जन ते...वैष्णो जन ते...'
कहाँ गये लेकिन सारे वैष्णव जन वे?
हाथ बढ़ाती हैं बच्चा-चोटें
एक बड़ी-सी अम्मा-चोट की तरफ़,
लेकिन अम्मा-चोटें होती नहीं बिस्तर पर!
कहाँ चली जाती हैं सब अम्मा चोटें
आधी रात को बिस्तर से उठकर?

दागी हुई कोहनियाँ,
टूटी हुई पसलियाँ,
जाती हैं अम्मापन का चोला छोड़कर,
बापों का यह टोला छोड़कर
सीधे वहाँ चाँद पर—
बिछड़े हुए प्रेमियों से
मरहम की एक ट्यूब माँगने!
और पापा-चोटें क्या करती हैं?
वे उनके दिल की बहुत तंग गलियों से होती-हवाती
गिरती-पड़ती
पहुँचती हैं मगज़ के किनारे
और वहाँ बनाती हैं हथियार!
दुनिया के सारे चौकीदार
उनसे रहते हैं बावस्ता!
चोटें रात को जग जाती हैं
और ख़ुद देती हैं पहरा
नीले चकत्तों और सूखती पपड़ियों पर!
तान्त्रिकों के ओऽमहं से टकराती हैं
हाइवे के ट्रक की आवाज़ें,
नाचघरों की मदालस रुनझुन,
डाकिनियाँ-शाकिनियाँ जगी हुई चोटों की!
एक समानान्तर छाया-जगत्,
समानान्तर प्रतिध्वनि-मण्डल
चोटों के साथ तब
नाचता है लगातार...
और इस पूर्ण रास के साक्षी-तारे
टभ-टभ टभकते हैं भर-रात
पीठ पर
फफोलों के मानिंद!

वृद्धाएँ

उन्हें सबसे अच्छे लगते हैं वे लोग
जो दूर से हाल-चाल पूछ लेते हैं!
वे कितने विनम्र होते हैं
सज्जनता की कैसी प्रतिमूर्ति!
चलते-चलते अपना रास्ता बदलकर
एक मिनट रुक जाने वाले–
वे कितना अच्छा मुस्काते हैं,
आँखें मटकाते हैं
कैसे झुका लेते हैं कन्धे!
वे उनके बचपन का गुड्डा हो जाते हैं!
देर तलक वे खेलती हैं उनसे
अपने एकान्त में–
और फिर उन्हें ठोंकते-थापते
देती हैं नींद को दावत–ज़रा आओ,
खिलाऊँगी हलवा,
कटोरी में रखकर पिलाऊँगी
पानी नमक का!
उनकी खिड़की के नीचे
एक हहाता समुन्दर है–
एक बूँद अटकी है खिड़की के धड़ से
और यह तो छड़ की खुरदुरी भूरी जंग का कमाल है,
जो अब तक पकड़े है पाँव बूँद के!
उन्हें सबसे अच्छे लगते हैं वे लोग
जो पास नहीं आते और कभी जान नहीं पाते

कि छाले हैं छालों के भीतर
जैसे कि मिट्टी रह जाती है
आलू से चिपकी हुई—
आलू उखड़ने के बाद तलक।

प्रत्यभिज्ञा

क्या ख़ुद मैं अपनी पड़ोसिन हूँ?
भीतर ताला खुलने की सी आवाज़
आती है कभी-कभी,
कभी-कभी गलीचा उठाने की,
कभी-कभी गमले चले आते हैं धूप में
कभी-कभी अलगनी सिहरती है।
कुकर की सीटी बजती है कभी आधी रात को।
प्लेटें खनकती हैं कभी,
घूँट-भरने तक की आवाज़ आती है।
लेकिन दिखाई नहीं देता कोई!
क्या जाने कितनी शताब्दियों से
भूतों का डेरा है भीतर!
क्या ख़ुद मैं अपनी पड़ोसिन हूँ?
क्या मैंने ख़ुद से की है नमस्ते?
क्या मेरे दो हाथ जुड़े हैं कभी
अपने भीतर के उस 'मैं' की ख़ातिर?
यही जाँचने के लिए मैंने भेजा
एक बड़ी थाली में बैना
(शकरपाड़े, नमकपाड़े, लड्डू और कुछ आदिम स्मृतियाँ)
बहुत देर बाद खुला दरवाज़ा,
(होती रही खट्-खट्-खट्-खट्-खट्
मेरे भीतर, मेरे बाहर)
काफ़ी गहरी नींद से जगकर भक्कू-सी

पूछने लगी कोई :
भर्रायी आवाज़ में
"अरे, यह है क्या?
अच्छा, ये सन्देश...
किस लोक का, किस सदी का और किसका?"

गावतकिए और मूसल

जिनको हम प्यार नहीं करते
उनसे हम मिलते हैं अच्छे बच्चे बनकर–
'नमस्कार', 'माफ़ कीजिए', 'ओहो', 'धन्यवाद'
'कितना अच्छा है यह, कितना भला'–
ये शब्द तो गावतकिए हैं भाषा के
ख़ूब मुलायम, ऊदे–
    इनसे टिककर पल में खर्राटे भरती हैं कटुताएँ,
    जग ही नहीं पातीं मुई अपेक्षाएँ–
    एक बार जो इनको छू भी लें।
    जिनसे हम करते हैं प्यार मगर–
    उन पर चलाते हैं दोधारी तलवार।
कभी सोचकर देखा है–मूसल कहाँ गये?
कहाँ गयीं ओखलियाँ?
नहीं-नहीं-नहीं ले गयी उनको बारिश मूसलधार
जैसे कि गाने में नानी की मोरनी को गुपचुप
लिये गये थे उनके मोर,
जैसे कि सरकारी ईंटें और बालू
सड़क से उठाकर लिये जाते हैं गली-मुहल्लेवाले,
मूसल और ओखलियाँ,
धुरमुस और सिलबट्टे–
सबको घर अपने लिये गये हैं प्रेमी लोग।
सिलबट्टों पर ही तो बातों की चटनी
पिसती है प्रेमीजनों के घर,
उसके बिना तो हजम ही नहीं होता

उनका खाना।
वीर बाँकुड़े ठहरे—ख़ूब जानते हैं वे—
ओखल में सिर डालने वाले
मूसल से बिकुल नहीं डरते।

चकलाघर की एक दुपहरिया

(1)
नींद मेरी संघाती है–
दोपहर में गली के नुक्कड़ पर
लू से पत्तों का गदहपटका
देखकर डुगडुगी बजाती है!
नींद मेरी तमाशेबाज़ है,
कभी-कभी बिन बुलाये ही चली आती है!
एक बायोस्कोप खोले वो
और अटपट-सा कुछ बोले वो...

(2)
"ज़िन्दगी, इतनी सहजता से जो हो जाती है विवस्त्र
क्या केवल मेरी हो सकती है?"
उसने कहा और चला गया!
एक कुंकुम रंग की क्रुरता
पसरी थी अब घर में!
एक कँटीली ऊँघ लतरी थी
आँगन की दीवार पर!
सीढ़ी के दोंगे में बिछाकर चटाई
बैठी थी धूप बाल खोले।
विद्या-विनोदिनी परीक्षा का फॉर्म भरा था उसने
संस्कृत विद्यापीठ से!
पढ़ती हुई .कुछ-कुछ
लाँघ गयी वह सदियाँ,
बोलने लगी तन्द्रा में
एक अलग ही तरह की भाषा :

आम्रपाली ये ही भाषा बोलती होगी–
'राजकुँवर, उसने कहा, "क्या नदी का पहला पाप है विह्वलता?
चाहिए, शापमुक्ति चाहिए अचेतन भँवर से,
पर पाप होता है क्या?"
खुल जाती है ऋतुसम्भोग से बन्दीशाला,
छा जाता है अन्धकार, सार्थवाह,
लेकिन उस मेघायित अन्धकार में भी
कुछ द्युतियाँ तो होती हैं निराकार!
पता नहीं कौन-सी पहाड़ी थी
जब धूप उतरने लगी थी!
चढ़ते हुए साथ थीं आदिम स्मृतियाँ,
उतरती हुई वह अकेली थी।
उतरता हुआ क्यों अकेला हो जाता है कोई भी–
जैसे कि नींद टूट जाने पर।
कोई सोये साथ भले पर जगते सभी अकेले हैं।
होते उस्ताद अगर जीवित, आगे की पंक्ति पूरी करते–
क्या कहते?
कोई सोये साथ भले पर, जगते सभी अकेले हैं,
सबकी अपनी ही थकान है, सबके अलग झमेले हैं
या ऐसा ही कुछ कहते वो
घर की सीढ़ी भी तो एक पहाड़ी थी!
सीढ़ी-घर में ये बहुत-से कबूतर–
और कबूतरचश्म भय और सन्देह।
ज़िन्दगी इतनी सहजता से जो हो जाती है विवस्त्र
क्या केवल मेरी हो सकती है–उसने कहा था!
पर वह केवल उसकी क्यों होती?
उतरती हुई धूप ने सोचा–
क्यों होना चाहिए कुछ भी किसी का
उसकी मर्ज़ी के ख़िलाफ़?

भरम

प्रिय रुनू,
मैंने कुछ भरम पाल रखे हैं।
तुम कहोगी कि ये हैं अनाथ बच्चे
जिनको मैं दे देती होऊँगी रात की बची रोटियाँ!

मैंने कुछ वहम पाल रखे हैं!
तुम कहोगी कि ये होंगे कुत्ते-बिल्लियाँ
गलियों में आवारा घूमते हुए
घर आ जाते हैं जो हरदम
जब भी खनकती हैं खाने की थालियाँ,–डण्डे ठनकते हैं
और धसक जाते हैं कुकर के ढक्कन
फिस्स मारकर अन्तिम सीटी!
दरवाज़े से सटकर इन्तज़ार करते हैं,
मुँह उठाकर देखते हैं अपलक गीली आँखों से
और कोई दुर-दुर, बिल-बिल नहीं मानते!

दरअसल ऐसा है
मैंने नहीं पाले भरम-वहम,
ठठा खड़ा रखा है इन्होंने ही मुझको,
इन्होंने ही मुझको पाला है!
मेरी माँ है मेरी ख़ुशफ़हमियाँ
मेरे बप्पा हैं ये आँख के भरम–
बचा-बचाकर रखती हूँ इनकी वृद्ध हड्डियाँ,
देती रहती हूँ सैंडोज कैल्सियम!

पॉलीथीन

प्रिय इया,
सादर प्रणाम!
आसमान में भी क्या
बैठी-बैठी पारती हो तुम
नन्ही उड़द-बड़ियाँ?
नीली पॉलीथीन पर तारे
चाँदनी में थोड़े नम हैं पर
सूखकर उखड़ जायेंगे दिन तक सारे-के-सारे!
फिर तुम इन्हें
पैक करके
पॉलीथीन में
आँख के तारों को भेजोगी।
करोगी निहोरे
उन सबसे
जो आएँगे दिल्ली
करने आवेदन,
देने इंटरव्यू
जेनरल बॉगी में
खड़े-ही-खड़े!
और मज़े की बात ये है कि
एक हाथ में धारे
धूसर-सी सूटकेस प्रमाणपत्रों की,
दूसरे में पकड़े होंगे वो
तुम्हारी थमाई वह पोटली
और भी ज़्यादा जतन से

कि बड़ियों के दिल छोटे-छोटे
टूटें न धक्का-मुक्की में!

अक्षय होते हैं पॉलीथीन,
कहते हैं पर्यावरणवाले,
माटी में मिलते नहीं, गाय के गले में अटकते हैं,
कर देते हैं नाली जाम—तौबा, इनसे!
करती हुई तौबा, पर सोचती हूँ मैं
शायद इन्हीं नन्ही सौगातों का होगा आशिष
कि पॉलीथीन होते नहीं काल-कवलित।

रिश्ता

वह बिलकुल अनजान थी!
मेरा उससे रिश्ता बस इतना था
कि हम एक पंसारी के गाहक थे
नये मुहल्ले में।
वह मेरे पहले से बैठी थी—
टॉफी के मर्तबान से टिककर
स्टूल के राजसिंहासन पर!

मुझसे भी ज़्यादा
थकी दीखती थी वह,
फिर भी वह हँसी!
उस हँसी का न तर्क था,
न व्याकरण,
न सूत्र,
न अभिप्राय!
वह ब्रह्म की हँसी थी।
उसने फिर हाथ भी बढ़ाया,
और मेरी शॉल का सिरा उठाकर
उसके सूत किये सीधे
जो बस की किसी कील से लगकर
भृकुटि की तरह सिकुड़ गये थे।
पलभर को लगा—उसके उन झुके कन्धों से
मेरे भन्नाए हुए सिर का
बेहद पुराना है बहनापा।

बाल-भिक्खु

बीजगणित

माँ, मैं अदृश्य हुआ जाता हूँ।
ऊँचे पहाड़ ये किताबों के
बना गये हैं मुझको
एक नया 'इनविजिबल मैन'—
अस्थिर, बेचैन!
पर मुझको देह चाहिए—
दो मुझको, फिर जन्म दे दो—
इस बार एक नयी धरती पर
जो इससे ज़्यादा हरी हो, मुलायम भी!

अभी एक पिंजरा हूँ मैं—
मुझमें भरे हैं बहुत सारे पंछी—
साइबेरिया के परिन्दे, तोते अफ्रीका के
और तुम्हारी उन लोककथाओं की
धोबिन चिरैया, लोटन कबूतर, बटेर और तीतर!
सब मेरे भीतर
करते हैं छटर-पटर!
एक बार खोलो इस पिंजरे के द्वार,
उड़ लेने दो मेरे भीतर के
सब पंछियों को—
आकाश के पार!
आकाश ख़ुद भी तो पंछी है—
बादल के पंख खोल उड़ता चला जाता है
एक अनन्त से दूसरे अनन्त तक।

एक पंख आकाश भी मुझमें गिरा गया है—
जैसे कि मोर नाचते-नाचते गिरा जाते थे
नानी की छत पर!
मुझमें बहुत सारा नाच भरा है—
कम-से-कम तुम जानती हो!
एक अनन्त मुझे चाहिए!

अनन्त का हिज्जे क्या है, माँ?
'न' आधा होगा 'न' के बाद
या लगेगी उस पर बिन्दी?
देखो, मैं भूल रहा हूँ हिन्दी
तीन बरस माथापच्ची की
सिर्फ़ विज्ञान-गणित में!
बीजगणित में, काश, एक बीज होता फूलों का भी,
रेखागणित की रेखाएँ सब
चित्रकला की रेखाओं-सी
आँकी-बाँकी होकर
गिल्ली-डंडा खेलतीं!

...अच्छा, छोड़ो ये सब!
आओ, अब साथ उड़ें
कम से कम
उस सरहद तक!

मृत्युगन्ध पर फेनाइल

शतरूपा वह!
        उन्मत्त लगा रही है चक्कर
        सुमामी-ह्वेल की तरह
        महासागर पर।
पिछले बरस वह उड़ी थी
बगदाद की सड़कों पर
'अरेबियन नाइट्स' के क़िस्सों की
अबाबील बनकर।
        स्कूल के रस्ते में चलती थी वह
        बनकर लकड़सुँघवा!
बर्फ़ीली सिल्ली पर
मेरे ही इन्तज़ार में लेटे पापा की
नीली हँसी बनकर
एक अर्से तक वह टिकी रही
घर की अँधेरी मुँडेर पर।
        फिर धीरे-धीरे मेरे पीछे
        एक पालतू बिल्ली बनकर
        चलती रही ठाठ से—दूर तक!
शतरूपा इस मृत्युगन्ध से
अफरे रहते हैं अख़बार—
रोज़ सुबह बिछते हैं जो आसनी बनकर
ढाबे की खुदुर-बुदुर बेंच पर!

अब जब मैं भी सुई में धागा
नहीं लगा पाती चश्मे के बगैर—

करती हूँ इन्तज़ार कि कहीं से बेटा आए
और मदद कर जाये—
अधसिले कपड़ों पर चुन्नटें डालती हुई
सोचती हूँ यह अक्सर—
ऐसे ही मनोयोग से सिलकर
बचपन में
कितनी तो झालरें पिन्हाई गयी थीं मुझे भी—
उपदेश-आदेश-सन्देश
एक देश सबमें था नेकनीयती का!
यह बात वैसे, अलग है कि
नेकनीयती से ही पटा पड़ा होता है
हर नर्क का रास्ता!

दूर क्षितिज पर खड़ाऊँ खड़कती है।
एक आवाज़ बढ़ी आती है—भूर्जपत्र-सी जर्जर—
'हर दिन ही जीवन को ऐसे जीना चाहिए जैसे
अन्तिम हो!
बग्घी किसी दिन रुक सकती है
अच्छी तरह निबटाकर रखो काम-काज,
हर वेला चल-चलन्त की वेला,
कोई भी मुलाक़ात अन्तिम हो सकती है!
इसलिए गठरी रहे हरदम तैयार!'

"गठरी? कैसी गठरी?" पूछता है बेटा,
"अपना यह अगड़म-बगड़म वाला थैला
तुम मुझको दो।
इसी में पड़ी होगी मेरी खोई सीटी,
तुम्हारी सिलाई की रीलें भी होंगी—
दोनों मिलाकर बनाऊँगा मैं गाड़ी!"
कहता है वो छीना-झपटी मचाता
और सारा दर्शन चल-चलन्त का
रह जाता है ठगा-सा उसको देखता।

आलि, आयी बसन्त ऋतु की बहार

हर साल, इसी वक़्त
बोर्ड-परीक्षाओं के पहले
सरस्वती पूजा के जलसे में
सातवीं कक्षा की लड़कियाँ
गाती थीं हारमोनियम पर–
‘आलि, आयी बसन्त ऋतु की बहार,
आलि, कूकत कोयल बार-बार,
झूम-झूमकर नाचन लागीं,
हरियाईं सब बेलरियाँ,
पिया बिदेस अबहूँ नहिं आये–
सहा न जात सखि, दुःख अपार!’
सुबह-सुबह चाँपाकल पर
सोडा से धुले हुए
उनके उन उन्मुक्त केशों में
लाल रिबन के फूल
खिलते थे तब भकजोगार!

दस बरस की उम्र में
पता नहीं कैसा वह दुःख था अपार,
पता नहीं कौन-से पिया थे
और किसको कहाँ आना था,
पर एक इन्तज़ार था
उतना ही बेसुध और बेचैन
जितना कि चूड़ीवाली उस मनिहारिन
या खोंमचेवाले का!
प्रेम तब मलाईबरफ ही था या...

बायस्कोप या फिर वह बहुरूपिया
जो डराता था बनकर कच्चे खाँव!

बसन्त आता था गलियों में
ठेले पर सतरंगी शरबत की शीशियाँ
और बरफ़ की सिल्ली
खुरचा करनेवाली बेढब मशीन लिये!
कभी-कभी आता वो
रिक्शों पर या सर पर
                लादे हुए गठरी
                ताँत वाली साड़ियों की!
गलियों में फेरे लगाता
लेकर हरियाली के सतहत्तर शेड—
पान-पत्ते-सा हरा, धानी, काई या
सुग्गा कलर, मिलिटरी ग्रीन
वगैरह-वगैरह!
बांगलादेशी शरणार्थियों के
टोन में गाता बसन्त :
'ढाकाई मॉलमॉल, शाड़ी कापोड़।'
मुहल्ले-भर की चाचियाँ-बुआएँ और भाभियाँ
अँचरा में बाँधे
अपने चोरउका रुपैये
घेर बैठ जातीं
उस ताँतवाले बसन्त को
जिसके आने की पूर्व-सूचना
पहले पहल मिलती उनको
आँगन की नाली के सेवार से!
सेवार जो मिलिटिरी ग्रीन से
हो जाती धानी इस मौसम में।

'बारिस्ता रेस्तरां' में बैठे जोड़ों की तरह
सिर्फ़ बसन्त कुंज या कि बसन्त लोक के
किसी कोने में
सिमटा नहीं था बसन्त अभी,

उस ज़माने की है बात, दोस्तो,
जब बसन्त बँटता था गली-गली
कुल्हड़ में, चुकिया और ठोंगों में
बेर-बुँदिया-रसभरी और
रामकेसोर की फाँकों में
कटा हुआ
बंकिम।
कामदेव अब भी चलाते हैं तीर
पेज थ्री वाली तस्वीरों से,
पर जाने क्या बात है
कि हूक उठती नहीं,
सूनी अमराई में खाली ही डोल रहा है
हर हिंडोला!
इस भरी फगुनाहट में भी
क्यों हो गये हैं हम
                    उल्टी दिशाओं में उधियाते
                              दो सूखे पत्ते?

देखो, सुनो, ग़ौर से–
कव्वाल गा तो रहे हैं
दरगाह पर औलिया के,
गा रही हैं बगल के हाट से
सब अतर की शीशियाँ
नीले मनकों की माला,
सुन्दर सुरमेदानियाँ,
बाकरखानी रोटियाँ
काँपती-सी, धुकधुकाती-सी
आवाज़ में
                    गा रही हैं
                    हाँ, गा तो रही हैं, सुनो कैसे–
"सकल बन
                    फूल रही सरसों!"

अजन्ता गुफा में एक बालभिक्षु

अजन्ता गुफा के
ध्यान-शिविर में बैठे थे उसके सीनियर :
जीवन की निस्सारता पर सोचते हुए! उनके समानान्तर
बेहद मगन होकर
एक बालभिक्षु
सोच रहा था क्रिकेट के बारे में!
अच्छी हैं, अच्छी हैं ये गुफाएँ लेकिन
क्रिकेट मैच इनसे भी अच्छे थे!
बाबा जब बीमार थे—
खटिया के सिरहाने बैठे-बैठे
उनके हाथों की उभरी नसों से
मैं खेला करता था काटा-कूटी!
इतनी सदियों से
पूरी यह अजन्ता गुफा
स्टैचू-स्टैचू खेल रही है!
साँस रोक खड़ी हुई है पूरी नगरी!
जो जहाँ था, जम गया है!
ढोल पर हथेलियाँ जमी हैं,
पालकीवाला भी जहाँ का तहाँ खड़ा है सदियों से
एक क़दम हवा में उठाये!
दूसरी गुफा की बायीं दीवार पर
धनदेव श्रीकुबेर की पत्नी, देवी हरीतिमा
अपने उन पन्द्रह सौ बच्चों की ख़ातिर
एक छड़ी वाला शिक्षक बिठाये है!

सातवीं गुफा वाली अप्सरा
कितनी सदियों से
देख रही है अपना चेहरा
हाथ में दर्पण लिये!

क्या करना है बन-सँवरकर यहाँ?
सबकी आँखें तो मुँदी हैं, सब योगनिद्रा में हैं!
कोई किसी को नहीं देखता
जो खेल पत्थर बना दे—वो क्या खेल!
माँ भी लेकिन हाथों में लेकर आईना
ऐसे ही बिन्दी लगाती थी
सुबह घाट जाने के पहले!
भादों में इसी घाट आया
बाढ़ का लकरबग्घा!
मठ के लिए विदा करते हुए माँ ने कहा—
'मिलता है दोनों पहर वहाँ खाना, जा!'

माँ भी ग़ज़ब थी,
दाँतों से ओठ दाब
कच्चे खाँव बनकर
वह रोका करती थी
अपनी रुलाई!
चलते-चलते उसने पहनाई
बाबा की अन्तिम निशानी—
एच एम टी घड़ी!
यहाँ शिविर में कहते हैं भन्ते
काल-नद में डूबकर तैरते
हमको हो जाना है
काल के परे!
जब भी वे कहते हैं ये—
मिल जाती हैं मेरी नज़रें घड़ी से—
मैं तो ज़्यादा देर नहीं देखता इसकी ओर—
टुकुर-टुकुर, टिक्-टिक्, पर
मुझे देखती है घड़ी!

एक दिन जब मैं हो जाऊँगा
काल से परे–
मेरी इस नन्ही-सी जान का क्या होगा?
घर का, न घाट का
कैसा है यह मुहावरा?

देश-प्रेम

कभी-कभी अन्दर से
फट जाता है कोट की जेब का अस्तर—
तो छुपकर
अस्तर के बिल में
जा बैठते हैं कुछ चिल्लर—
कभी अचानक कुछ ढूँढ़ते हुए
फटे में अगर अड़ गयीं उँगलियाँ तो
उद्घाटित होते हैं
गह्वर से!
ऐसे ही छुट्टे पैसे-सा
छुपा हुआ मेरे ही कोने-अँतरों में
मुझे मिला वह
जिसका भारी-भरकम नाम है—देश-प्रेम!
वैसे तो भारी-भरकम चीज़ों से मुझको
डर लगता है,
लेकिन वह मिल ही गया तो
मैंने उसे प्यार से देखा!

छब्बीस जनवरी की थी वह ठण्डी सुबह!
तकिए के नीचे
छूट गया था ट्रांजिस्टर खुला!
सुबह-सुबह बजने लगा राष्ट्रगान!
एक पल को सोचा—मटिया दूँ,
लेकिन फिर क्या जाने क्या हो गया,
कम्बल-वम्बल फेंककर मैं खड़ी हो गयी
सावधान!

अजब चीज़ है प्रेम भी,
मुँह की लगी छूटती ही नहीं!
वर्षो पहले यों ही झटके से
सीट छोड़कर खड़े हो जाते थे हम
सिनेमाघरों में!
हेलेन के सभ्य कैबरे
और मुकरी की भोली फुलझड़ियों के बाद
जेमिनी कलर में
'द एंड' टिमका करता था
सिनेमा के पर्दे पर
और शुरू होता था जनगणमन ऐसे ही!

धीरे-धीरे क्योंकर
छीजने लगा सारा आवेग?
अब जाने भी दीजिए, देखिए, सुनिए–
'सारे जहाँ से अच्छा हिन्दोस्तां हमारा',
यह धुन जो मोबाइल की है–
क्या आपकी जेब से आ रही है?

अक्षर-ज्ञान

चौखटे में नहीं अँटता
                    बेटे का 'क'
कबूतर ही है न–
फुदक जाता है ज़रा-सा!
पंक्ति से उतर जाता है
                    उसका 'ख'
ख़रगोश की खालिस बेचैनी में!
गमले-सा टूटता हुआ उसका 'ग',
घड़े-सा लुढ़कता हुआ उसका 'घ'
'ङ' पर आकर थमक जाता है
                    उससे नहीं सधता 'ङ'।
'ङ' के 'ड' को वह समझता है 'माँ'
और उसके बगल के बिन्दु (̇) को मानता है
गोदी में बैठा 'बेटा'
                    माँ-बेटे सधते नहीं उससे
                    और उन्हें लिख लेने की
                    अनवरत कोशिश में
                    उसके आ जाते हैं आँसू।
पहली विफलता पर छलके ये आँसू ही
हैं शायद प्रथमाक्षर
सृष्टि की विकास-कथा के।

हमबिस्तर

एक तरफ़
कुहनी पर अधलेटा
मरघट वैराग्य,
दूसरी तरफ़ ज़िन्दगी
घुटनों पर सर रखकर
सोचती हुई कुछ उपाय!
एक भँवर,
एक नाव
चादर पर
एक ठाँव!
आड़ा-तिरछा लेटा है
बीच में तकिया–
जैसे कि आँख मूँद,
कान ढाँप
लेटा हो
डर के मारे
अधमरा बच्चा
माँ-पापा की आपसी
भीषण लड़ाई के बाद!

मायानगरी

मायानगरी का प्रथम वर्ष

(1)
('हरेक बात पे कहते हो तुम कि तू क्या है')

क्या जाने हम कौन हैं,
कहाँ से आये हैं,
क्या यह शहर है दुछत्ती,
और हम इस पर फिंकी अगड़म-बगड़म हैं?
एक खाली टॉर्च? बन्द दीवार-घड़ी?

(2)
('साहब बिजी हैं। अपना विजिटिंग कार्ड दीजिए')

आवारा पत्ते से पूछा,
'ऐ भाई पत्ते,
क्या तू बनेगा
हमारा विजिटिंग कार्ड?'
धूल से पूछा,
'अरी किरकिरी,
तू क्या बनेगी
हम सबका हस्ताक्षर?'
धूल ने कहा—
"जाकर मुँह धोकर आ!
बरसों से बन्द पड़ा
स्टूडियो एक है—

वहीं मुझे रहने की
जगह मिली है!
कई-कई रीलें पड़ी हैं उसमें
मारे कुण्डली!
ये रीलें उन फ़िल्मों की हैं
जो कि रिलीज नहीं हो पायीं!
एक किसी ऐसी ही रील में
तू भी बिछा लेना
अपनी चटाई,
खिल जाना उस पर ही
बनकर फफूँद!"

(3)
सोचने लगे हम सब :

कौन थे हम, कौन हैं और क्या होंगे अभी...
जॉनी वॉकर या
सोहराब मोदी?
क्या हममें 'मदर इंडिया' बनने की भी वकत थी?
रहती थी हममें भी वफ़ादार नरगिस—
नरगिस जो बेनूरी पे अपनी
रोती नहीं थी,
मिलें न मिलें उसको दीदावर
अगले हज़ार बरस!
उनके पैदा होने, न होने पर
कायम नहीं था जिनका नूर
ऐसी ही नरगिस थी हममें उगी!
वो सब फिर भी ठीक है लेकिन
कुल मिलाकर प्रश्न जहाँ का तहाँ
कि तू है कौन,
तेरी वकत क्या है?
रीमिक्स हैं हम, डमी हैं!

छाया काया की या प्रतिध्वनियाँ?
रीमिक्स हैं क्या हम
काल का, महाकाल का,
महारुदन, अट्टहास का?
नींद में मगन बच्चे के मीठे सपनों से
यादों की कातर खटास का?

गठरी

ढीली-ढाली एक गठरी है
इस मेले में
पीठ पर सबकी!
कहीं किसी गठरी में
छोटा-सा शहर बँधा है—
ऊँघते होम्योपैथों
और इत्रफरोशों का
छोटा शहर!

कहीं किसी गठरी में
जात बँधी है और औकात—
बुकलू लोहार का हथौड़ा,
फत्तन खाँ दर्ज़ी की कैंची,
रन्दा बिन्दा बढ़ई का
और उस्तरा रमई ठाकुर का—
बँधे पड़े हैं सारे औजार
कहीं एक गठरी में!

एक किसी गठरी में
बँधी हुई हैं मूँगफलियाँ
और चबेने काल के!
एक किसी गठरी में
दीन-धरम
बम के गोलों-से बँधे हैं—
धूम-धाम, ठनन-ठनन!

एक किसी गठरी में
बँधे हुए हैं
तुम-हम :
चुपचाप!
और वह विशाल पीठ
जिस पर कि लाद
सब गठरियाँ
जायेंगे गंगा नहाने सब लोग-बाग
—झुकी नहीं है,
लेकिन कड़कड़ा रही है।

चचा ट्रांस्लेशन

क्या होता है कन्नी काटना–
सीख रहे थे हम यह नया-नया!
देखते ही उन्हें
हमें करंट लगता था
और उल्टे पाँव भागने को जी मचलता था!
और तो सब उनमें ठीक ही था–
सिर्फ़ एक गड़बड़ थी–
जब देखो तब वे
मुहल्ले के बच्चों को
        पकड़-पकड़ के
        लिखवाने लगते थे
        वो जो इक चीज़ हुआ करती थी–
        'एस्से',
        बनवाने लगते थे
        एक पैरा ट्रांस्लेशन।
दूर से आवाज़ देते थे–
"सुन ओ फले के फलाँ–
इधर आ तो ज़रा,
किस क्लास में पहुँचा, अच्छा, बता...!"

हुक़्क़े की नाक के आगे चटाई पर
कॉपी टिकाए हुए अपनी लटाई पर
कुछ-कुछ यों ही घसीट मारते थे हम
और 'लाहौलविलाकूवत' वे कहते थे
इस कोफ्त से कि
बात बदलने को हो जाते थे मजबूर हम :

"चचा, हटाइए, वो तो सुनाइए–
वो जो ख़्वाजा मीर का शेर है न...!"
मूँछों में मुस्काते,
गाढ़े-से आसमानी रंग में
डब-डब वे
कूचियाँ हिलाते!

पेशे से चचा पेंटर थे–
सिनेमा के पोस्टर बनाते थे,
उनके ही दम से आती थी
हर हफ़्ते इक नयी बहार शहर में–
उनके ही दिखाये हुए ख़्वाब थे
राजकपूर की 'इस्स'
और दिलीप की उदास हँसी,
गुरुदत्त का वह सपनीला–नीला पनीलापन,
और सारी नायिकाओं की शाइस्तगी/शोखी!
थे एक बड़े ख़्वाबगाह का
आईना वे!

इन दिनों चचा बेचते हैं
बिसलरी की बोतलें–
श्याम टॉकीज के बायें
नाले की तख़्ती पर!
बातें करते हैं हवा से कुछ
और कुछ ख़ुदा से–
करते रहते हैं वे बुदबुद
'न वो मैं रहा, न वो तू रहा–
जो रही सो बेख़बरी रही...'
अब वे बनवाते नहीं ट्रांस्लेशन
किसी से भी,
ख़ुद ही लगते हैं वे अनुवाद
तार-तार भोजपत्र पर लिक्खी
एक अनजान लिपि का!

रहते हैं जिस घर में—
उसकी छत
अबाबील के डैने हैं और
दीवारें धुआँ-धुआँ—
कजरौटा सेंक रही-सी ढिबरियाँ।
घर? घर या टूटे हुए ख़्वाब की किरचियाँ?
गयी रात जो उधर से गुज़रे—
जिगर उन्हीं से कहते सुनाई पड़ेंगे—
"जब मकानोलामकां से भी गुज़र जाता हूँ मैं—
अल्ला-अल्ला, तुझको अपनी ही जगह पाता हूँ मैं।"

पुस्तकालय विमर्श

गर्मी ग़ज़ब है!
चैन से ज़रा ऊँघ पाने की
इससे ज़्यादा सुरक्षित, ठण्डी, शान्त जगह
धरती पर दूसरी नहीं शायद।
गैलिस की पतलून,
ढीले पैतावे पहने
रोज़ आते हैं जो
नियत समय पर यहाँ ऊँघने
वे वृद्ध गोरियो, किंग लियर,
भीष्म पितामह और विदुर वगैरह अपने साग-वाग
लिये-दिये आते हैं
छोटे टिफ़िन में।
ट्वायलेट में जाकर माँजते हैं देर तक
अपना टिफ़िन बॉक्स खाने के बाद।
बहुत देर में चुनते हैं अपने-लायक
मोटे हर्फ़ों वाली पतली किताब,
उत्साह से पढ़ते हैं पृष्ठ दो-चार–
देखते हैं पढ़कर
ठीक बैठा कि नहीं बैठा
चश्मे का नम्बर।

वे जिसके बारे में पढ़ते हैं
वो ही हो जाते हैं अक्सर
बारी-बारी से अशोक, बुद्ध, अकबर,
कैनेडी, नेहरू, ग़ालिब, मीर, जाँनिसार अख़्तर...!
मधुबाला, नरगिस या फिर नूतन की चाल-ढाल,

पृथ्वी कपूर और उनकी औलादों के तेवर
ढूँढ़ा करते हैं वे इधर-उधर
और फिर थककर सो जाते हैं कुर्सी पर।

मुँह खोल सोये हुए बूढ़े
                    दुनिया की प्राचीनतम
                    पाण्डुलिपियों से झड़ी
                    धूल फाँकते-फाँकते
                    ख़ुद ही हो जाते हैं जीर्ण-शीर्ण भूर्जपत्र!
कभी-कभी हवा छेड़ती है इन्हें,
गौरैया उड़ती-फुड़ती
इन पर कर जाती है
नन्हे पंजों से हस्ताक्षर।

क्या कोई राहुल सांकृत्यायन आयेगा
और जिह्वाग्र किये इन्हें लिये जायेगा
                    तिब्बत की सीमा के पार?

टोटके

टोटके ललित निबन्ध थे ज़िन्दगी के।
सिसेरो, फ्रान्सिस बेकेन, मांटेस्क्यू और रामचन्द्र शुक्ल की
गम्भीर मूँछों पर
चाय की चुस्की का चुम्मा थे टोटके!

अम्मा लेती थी बलैया
तो उसकी छन्द में चलती थीं दोनों हथेलियाँ–
लोकरंग में झमक उठते थे
भरतनाट्यम् कुचिपुड़ी, मोहिनीअट्टम!

रंग-राग, छेड़-छाड़
भाषा की भाषा से
देखते बनती थी
जब किसी दुश्मन के भी छींकने पर
मुँह से निकलता था काकी के–
"शतमजीव, अबे नासपिटे।"
किसी को जो आती थी हिचकी
चौंकाने वाले कुछ क़िस्से सुनाकर
साँस टाँग देती थी सिकरी पर
और फिर कहती थी हँसकर–
"पानी पी, पानी, भितरघुन्ने!"
पड़ते थे दौरे किसी को जो मिर्गी के
चप्पल सुँघा देती थी उसको
और सोचती थी मैं–
जिस कल्पनावीर ने
चप्पल से मिर्गी का गठबन्धन कर डाला,

उसे नमस्कार!
नमस्कार मिर्ची को, नीबू, परान्दी को,
खपड़ी को, हाड़ी को
जो घर के आगे लटकती है
हमारे अनन्त भयों के काले धागे से ऐसे
जैसे कि हो माँगटीका
कालभैरवी का।

भाई नीबू, आख़िर कैसा लगता है लटकना अधर में?
आगत-विगत और बीतते हुए की,
बीते-रीते और रीतते हुए की,
जन्मे-अजन्मे, मृत-अमृत के बीच की
एक चुटकुलेदार, प्यारी पहेली थे टोटके।
टोटके ललित निबन्ध थे ज़िन्दगी के।

बाहर का आदमी

'साईं इतना दीजिए'
इतना मगर कितना?
'जामें कुटुम समाए—'
कहाँ ख़तम होती है सरहद कुटुम की?
बाहर का होता है कौन?
क्या है वह
जो केवल बाहर का होता है?

सृष्टि के किसी राशन-कार्ड में
नाम दर्ज होते नहीं जिनके,
जनगणना कार्यालय
जानता नहीं जिनको,
उसकी गिनती में आते ही नहीं कभी जो—
रहते हैं ऐसे भी लोग
घर में बहुत-से!
बजती है उनकी खड़ाऊँ-सी
स्मृतियाँ गाहे-बगाहे!
क्या वे सब होते हैं बाहर के?

बाहर की होती हैं छायाएँ
प्रतिध्वनियाँ, सपने और स्मृतियाँ
जो घर में आती-जाती हैं?
क्या जाने किस सदी
और किस नक्षत्र से
एक फ़ोन आता है कभी-कभी
रात के तीसरे पहर—

और सोचती हूँ मैं
हम जिन्हें कहते हैं रॉग नम्बर,
उनका भी होता होगा कोई तो
संस्कार-बन्ध इस घर से।

सहमे हुए-से ये आते हैं
और शरमाकर
उल्टे ही पाँव लौट जाते हैं
जैसे कि चीथड़ों में लिपटी
मज़दूर बच्ची
दरवाज़े से झाँकती है ज़रा-सा
और लौट जाती है
वापस सड़क पर
पानी पीकर थोड़ा-सा!
क्या बच्ची बाहर की है
जो छोड़कर सारे घर
मेरे घर आती है?

संयोग क्या होते हैं?
क्या होता है पीछे संयोगों के?
संयोग तिनके हैं क्या
घोंसलों के
जो मेरे बालों में फँसकर
आ जाते हैं मेरे घर तक?
ऐसे जो आते हैं घर तिनके—
वे क्या रह जाते हैं बाहर के?
कहाँ ख़तम होती है सरहद
'कुटुम' की?
रहते हैं चूल्हे ताव में हमेशा,
कपड़ों-किताबों की धूल से मुहब्बत
किसी के छुटाए नहीं छूटती
लेकिन सब भागदौड़,
रगड़-झगड़ में ही
अचानक

जैसे निकल आते हैं हरदम
पाँच मिनट–
कुछ अपने मन की
कर लेने को,
सारे झमेलों में भी
प्यार की फुर्सत
हरदम निकल आती है कुछ तो,
जैसे मज़े से निकल आता है
हिस्सा–
पाँच जनों के खाने में छठे का–

होता है,
साझा ही होता है
जीवन हम सबका।
इतनी भी खाली नहीं होती
जेब ज़िन्दगी की,
इस ध्रुव से उस ध्रुव तक
सामान बिखरा है
सिर्फ़ एक घर का!!
बाहर का होता है कौन?
क्या कुछ होता है केवल भीतर का?

वैज्ञानिक कारण

(1)
दो जुड़वाँ भाई थे
कार्य और कारण!
घर से तो निकले थे साथ मगर
मेले में बिछड़ गये!
दोनों के चेहरे
एक-दूसरे से नहीं मिलते थे!
जीवन-भर दोनों
एक-दूसरे से अलग ही
भटकते रहे! एक ईरघाट, दूजा बीरघाट!
                    कार्य से कारण का
                    रिश्ता भी है—
                    गडमड-सी इस दुनिया में
                    यह समझना मुश्किल है।
'जो तोको काँटा बुवै—ताहि बोय तू फूल'—
कहनेवाले कबीरदास,
यह भी ज़रूर समझते होंगे
कि क्या जाने किस तर्क से
पेड़ बबूल का रोपने वाले
उचक-उचककर तोड़ लेते हैं
जीवन के सब मीठे आम
सरेआम!

ज़रूरी नहीं है कि काटा वही जाये जो बोया था!
'हाय राम' से 'हे राम' तक
मुँह में राम, बगल में छुरी तक

जुड़वाँ भाई वाले कई-कई जोड़े
राम और श्याम, सीता-गीता,
जैकेल-हाइड भी थोड़े-थोड़े
अपने भीतर के महाकुम्भ में
घूमते हैं अभी भी—
एक-दूसरे को तलाशते!

(2)

आठवीं की भौतिकी का
पहला ही लेक्चर
हर घटना के पीछे
हमें छोड़ देता है
एक जासूस की तरह कि अब जाओ,
कोई तो है, कौन-सा है—
वैज्ञानिक कारण यह तुम ढूँढ़ लाओ!

आज मगर इतने बरस बाद
लगता है कई बार
पंख खोल उड़ जाता है जीवन—
कार्य-कारण के स्थापित प्रमेयों के पार!
कहिए ज़रा, किस वैज्ञानिक कारण से
अनजाने भी अक्सर अपने-से लगते हैं,
चिर-परिचित लगते हैं
और किसी ग्रहलोक से उतरे अवतार!

कहने को आवाज़ों का, दस्तकों का
कोई तय चेहरा नहीं होता,
पर जिनको कभी नहीं देखा,
रेडियो पर या टेलीफ़ोन पर
जिनकी आवाज़ ही सुनी है केवल
उन सबके अलग-अलग चेहरे
उगते हैं क्योंकर ज़ेहन में?

भला कौन होता है कारक

उन हवाई चेहरों का?
कौन-सी अदृश्य कूची
गढ़ती है आवाज़ों के गोल-गन्दुमी,
लम्बे या चौकोर चेहरे?

(3)
मान लें कि एबीसी एक त्रिभुज है,
मान लें कि एक समुन्दर है
रेडियो या टेलीफ़ोन
तो उसमें तैरती हुई
लाल-पीली और बैंगनी आवाजें
सोनमछरियाँ ही होंगी।

एक सोनमछरी उछल आती थी लहरों पर—
अमीन सायानी जब कहते थे हँसकर :
'रेडियो सीलोन की गीतमाला में
आप सबका स्वागत!'

सीलोन यानी कि लंका का सारा इतिहास,
सीताहरण, कुम्भकर्ण या विभीषण,
लंका-दहन या कि एल.टी.टी.ई.—
सब डूब जाते क्यों
गीतों की रलमल में?

डिविडेंड

ऑनेस्टी की पॉलिसी
एल आई सी की पॉलिसियों की तरह
कोई ठोस डिविडेंड नहीं देती।
जीवन-भर सच्चाई के रास्ते जो चले—
वे सारे थके हुए योद्धा
'सत्यमेव जयते' जपते-जपते
हो गये हैं धीरे-धीरे जब
झूठ-सच और हार-जीत के परे,
उनके वे चकितनयन बच्चे
अकबकाकर देखते हैं उन्हें!
कपड़े के फटे हुए जूतों में
खेल के मैदान से लौटकर,
रूखा-सूखा खाकर
सात बजे से बैठ जाते हैं पढ़ने वे,
पढ़ते हैं गयी रात तक!

साठ वॉट की रोशनी में ही
'जातक कथाएँ' और 'नीतिशतक' पढ़ते हुए
माथा खुजाते हैं कई बार!
अपने समय की है
जेन पहेली ये भी—
माथा खुजाएँ वे लाख मगर,
माथा भिड़ाना नहीं छोड़ते!

कितना आश्चर्यजनक है यह कि
इन्सेन्टिव के इस ज़माने में भी
प्यार और सच्चाई
ज़्यादा इन्सेन्टिव नहीं ढूँढ़ते!

रियाज़

आओ, हम ख़ुश रहने का रियाज़ करें—
जैसे सुबह चाय पीते हुए बोलें—
'धन्यवाद प्याला, भई आग, धन्यवाद...
कितना अच्छा है कि तुम सब हो
और अभी इस वक़्त नहीं कोई
हरहर-पटपट, गोला-बारूद, मार-पीट
गाली-गलौज, डाँट-फटकार!'

कितना अच्छा है कि ज़िन्दा हैं लोग,
जुलूस हैं, जलसे हैं!

बस में चलें तो कहें—
'चिल्लर, धन्यवाद।
कितना अच्छा है कि
यहाँ से धकेलेगा नहीं कोई बाहर,
सो सकते हैं हम भी निश्चिन्त कुछ देर
खिड़की से सटकर!'

गिरकर उठें तो कहें—'घुटनो, धन्यवाद...
कितना अच्छा है कि
तुम फूटकर भी
फूट नहीं लेते अलग,
साथ लगे रहते हो—
जैसे कि घिसटता हुआ बच्चा

अम्मा से पिटकर भी,
अम्मा के पीछे ही
अँचरा से पोंछता हुआ
नाक-आँख!'

मसहरी

एक शहर था—
छोटा-सा!
मच्छर बहुत थे वहाँ और भटकोइए भी!
लोग गर्मी से लहूलुहान रहते थे।
बिजली गयी थी देहाड़ी कमाने पंजाब!
पंखों पर बने हुए थे घोंसले!
जश्न मनाते थे अँधेरे!
देहरी पर बिछते थे बिस्तरे!
सरेआम चौक पर
तनती थीं मसहरियाँ—
समारोहपूर्वक!
एक छोर अमरूद की डाल से बँधता था,
एक छोर सिटकिनी की नाक पर,
एक छोर बँधता था कील से—
एक जाता था अनन्त तक!
चन्द्रमा
इसी छोर पर
बड़े मनोयोग से बाँधी
एक चमकीली गिरह था,
गोटे की एक गिरह!

एक रात आया लकरबग्घा,
भागने लगे लोग
सोते से उठकर!
तनी रह गयीं लेकिन
मसहरियाँ

खाली बिस्तर पर!
वर्षों से टँगी हुई हैं वे
आज तक
वैसे ही :
कोई उनको अब समेटता नहीं
झनकाकर झनर-पटर करती
वे चूड़ियाँ–
                    'दो आना दो'!*
अब जब भी आती है आँधी
काँपती हैं फट्टियाँ
                    मसहरियों की
                    लेकिन अपना बन्धन
                    टूटने नहीं देतीं!
फट्टियों से चारों ओर बँधी
उड़ती है मसहरी हवा में
एक उजली पतंग-सी!

---

* चूड़ियों की माप का एक पैमाना। छोटे माप की चूड़ियाँ जो नयी बहुएँ पहनती हैं! बड़े माप होते हैं–सवा दो, दो आना छह आदि!

अस्तबल

मैं साँस का पुराना रोगी
लेटने पर उजबुजाता हूँ!
कभी पुरानी दिल्ली टेसन पर,
कभी किसी पास के तबेले में
ताँगे में जुते हुए घोड़े की मानिंद
खड़ा-खड़ा सो जाता हूँ!

मुँह में आधी ही चबाई
घास की एकाध पत्ती
यों ही पड़ी रहती है—
आगे चबाई नहीं जाती!

कैसे होंगे घोड़े बेचकर
सो जाने वाले—

घोड़ा नहीं जानता।

क्या जाने कैसे-कैसे युद्धों से लौटा
थका हुआ, प्राचीन घोड़ा!
साईस गुज़र गये,

लचर गया कोड़ा!

फिर भी पुट्ठों में बहुत दर्द रहता है,
अपनी तरफ़ का, अपने-जैसा
कोई नहीं दीखता!

क्या जाने कैसी होगी मेरी घोड़ी!
उस पर भी क्या पत्थर
फेंकते होंगे सब?

क्या मेरी बूढ़ी घोड़ी का भी होगा वो—
क्या कहते हैं—ललितललाम—

बूढ़ी घोड़ी, लाल लगाम।
कहना उसे मेरा लाल सलाम,
कहना कि अच्छा हूँ
और अच्छे हैं बाबा भारती,
डाकू खड्गसिंह भी अच्छा है!

बदल गया है वक़्त,
एक ही झपोले में रहते हैं दोनों।
जहाँ भी लगा होता है लंगर,
खाते हैं जी-भरकर, पीते हैं
प्याऊ का पानी,
और लुढ़क जाते हैं इधर-उधर!

घूरा

कहते हैं लोग, बदल गयी दुनिया,
घूरे के दिन फिर गये अब तो!

मैं बूढ़ा घूरा—
रख गया है मेरे कूबड़ पर कोई
फिर से जमदीया!

पिछली दीवाली में जो दीया
काल-देवता के त्रिपुण्ड की तरह
धधका था घर की ऊँची मुरेड़ पर—
लपलपा रहा है वो इस साल मुझपर
लाल जिह्वा मृत्यु की बनकर!

दिन तो फिरे ही, फिरे मेरे!
रंगीन हैं मेरे कपड़े—
तरह-तरह के बिस्कुट-टॉफी के रैपर,
तरह-तरह के डब्बे, पेय और सैशे
जैसे कि एक्सपोर्ट सरप्लस के कपड़े
पिछवाड़े की कोठी से बैठक लाये गये
बूढ़े पिता के शरीर पर।

पहले मैं गन्दुमी राख ही पहनता था!
औघरों का एक झुण्ड दीखते थे हम घूरे—
लकड़ी के चूल्हे की राख,
तुतमलंगा थोड़ा, थोड़ा चिरैता,
लौकी और आलू की छीलन,
थोड़ा-सा आँवला-बहेरा—
गरम राख ओढ़े हुए कुनमुनाते थे
गयी रात हमपर—

एक ही रज़ाई में लाता-लूती खेलकर सोये
कई भाई-बहनों के मानिंद!

गाने को गाती हैं दादियाँ
जमदियरी पूजती हुई—
'ख़ुद छूट जाता है अपनी लतर से ज्यों
पका हुआ ख़रबूजा, छूटें हम मृत्यु के भय से!
दीवाली के पहले जल जाये
हारी-बीमारी, कर्जा-वर्जा
जमदियरी की लौ में!'

देखता हूँ मैं चुपचाप कि कैसे इस बात पर
मुँह दबाकर
हँसते हैं क्रेडिट कार्ड, हँसते हैं चार्वाक,
हँसते हैं ग्रामदेवता!
हँसती है बिल्ली-पाँवों से
बढ़ी आती सर्दी,
हँसता है मुझपर ही फिंका हुआ अख़बार,
हँसते हैं सब बासी समाचार—
'दीवाली की पूर्व-सन्ध्या पर
बम फूटा फिर सरेबाज़ार!'

दीवाली : वर्किंग विमेन्स हॉस्टल

असमंजस में कुट-कुट काट रही नाख़ून
खिड़की पर झुकी हुई शाम!
खाली है हॉस्टल, मेस बन्द है!
हर कमरे में ढाबुस-सा लटका है ताला!
जाने को एक जगह, करने को एक काम सबको है!
सिर्फ़ एक कमरे में
जल रही है बत्ती और मोमबत्ती भी—
दौबली विधवा-जैसी
ली की गठरी लेकर
कोने में गल रही उदास!
धुआँ-धुआँ आँखें हैं उसकी!
देख रही है—
कैसे दूर वहाँ छत पर
अँधियारे के बैंगनी आँचल पर
झलर-मलर गोटे की झालर
टाँक रही है फुलझड़ी।

दूर-दूर से देखती है वो सब-कुछ
धीरे-धीरे उदास होती,
फिर झक्क हँस देती आँखों से—
झक जैसे जलता है लाइटर—
हॉस्टल के कन्धे
दो दीये बालते नेपाली दरबान का!
कहलाता है सेक्योरिटी गार्ड वह, लेकिन
उसके जीवन में खुद नहीं कोई सेक्योरिटी
हर महीने ही जिसकी छूट जाती हो नौकरी
दीवाली उसकी तो ऐसे ही अनमन बजायेगी सीटी!

लम्बी छुट्टी पर है ईश्वर

लम्बी छुट्टी पर
चला गया है ईश्वर!

खुश-खुश तरोताज़ा लौटेगा
श्रमजीवी एक्सप्रेस से!
आते ही लेकिन गाज गिरेगी सर पर—
ताले में खुँसी मिलेगी नोटिस :
श्रम के क़ानून बताते हैं कि
छुट्टी का हक़ सबको है लेकिन
इतनी लम्बी छुट्टी?
ऊपर से यह भी बमबारी कि
जा सकती है नौकरी,
साधारण सीएल के आवेदन पर
स्टेशनलीव किसी को नहीं मिलती!

धुक-धुक करेगा कलेजा
जब डालेगा ताले में कुंजी!
खोलेगा खिड़की, कैलेंडर का पन्ना पलटेगा,
बन्द दीवार-घड़ी में डालेगा बैटरी!
मटके का पानी बदलेगा,
हॉल्डॉल पर बैठा उकडूँ
बनायेगा चाय!
जब तक पानी सनसनायेगा,
देखेगा वह डाक अपनी!

चाय का कप लिये-दिये
आयेगा टेलीफ़ोन तक, मगर हाय,
बदल चुके होंगे तब तक
दुनिया के सब फ़ोन नम्बर!

लम्बी-सी झाड़ू उठाएगा घबराकर,
फेंटा कसेगा, जुट जायेगा—
कितने झंखाड़ और कितने मकड़जाले
देखकर उसको डुलायेंगे सर!

शाम तलक जो हो जायेगी सारी सफ़ाई—
ईश्वर जलायेगा लाइटर
बुझे दिलों में सबके दीया जलाने को!

पेट्रोल का हल्का भभका उठेगा
फिक्क एक फीकी-सी हँसी हँसेगा लाइटर!
धीरे उठेगी, फिर डूब जायेगी मरियल-सी लौ!
अख़बार लायेगा नुक्कड़ से ईश्वर
और गड़ाकर आँख ढूँढ़ेगा
नये कॉल सेंटर का नम्बर!

जूते

हर घर में
अलग-थलग
है उनका कोना!

अलग-अलग दिशाओं से आते हैं—
थककर चकनाचूर और धूल-धूसर,
आते हैं जैसे वृद्ध दम्पती
पार्क की बेंच पर।

गयी रात तक वे
बतियाते हैं
झींगुरों से
और तिलचट्टों से!

आपस में
लेकिन वे
ज़्यादा नहीं बोलते।

सिद्ध दम्पतियों की लय में
बस देख लेते हैं
एक-दूसरे को
जब लगती है
ठोकर!

भुरभुरा जाते हैं

उस वक़्त
दुनिया के सब कंकड़!

कुण्डी

गुज़रा हुआ एक मौसम
पान गुलगुलाता हुआ बोला :
इतना गया-गुज़रा कोई नहीं होता,
गुज़र-बसर की आहट
गुज़रे में है,
गुज़र-बसर कर लेती हैं चीज़ें गुज़री हुई
बची हुई चीज़ों में कहीं-न-कहीं,
पीपल या बटबाबा की फुनगियों पर
जैसे कि रुक जाता है देर तक
ढला हुआ दिन!

ख़ुद को तसल्ली-सी देते हुए
मैंने जब रात से कहा—
'एक बीतते हुए रिश्ते
और एक बीतती हुई रात में
अधिक फ़र्क़ होना तो नहीं चाहिए...'
वह एक बेचैन करवट को
आश्वस्त थपकियाँ देती हुई बोली :
'बीतना रीतना नहीं है
और अगर हो भी
तो उस होने में प्रवेश करो
जैसे कि कोई ग़रीब आदमी
और
धकेलकर परे की गयी औरत
अपने वजूद की कुण्डी खटकाते हुए
स्वाभिमान में करते हैं प्रवेश!'
'स्वाभिमान में

और दूसरे किसी ढहे हुए घर में—
अधिक फ़र्क़ होना तो नहीं चाहिए'—
मैंने खँडहर से कहा।

वह अपनी धूनी रमाता हुआ बोला :
'होने-नहीं होने का फासला
पाटती थीं जो दो शहतीरें,
कल आँधी-पानी में चटक गयीं वे भी
बहना था जो, बह गया...
लेकिन इसके आगे मत पूछना—
बहने और रहने में
क्या फ़र्क़ है, क्या नहीं!
फ़र्क़ का तर्क यहीं गर्क करो
और जो भी हो रहा है, वो देखो,
ख़ूब ग़ौर से देखो!
आँखें कम-कम देखती हैं,
इधर-उधर उड़ती-फिरती हैं तभी—
बन जाती हैं वे टिटिहरी
आँखों का आँखपन चला जाता है,
जीवन का बाँकपन
कान कम-कम अकानते हैं तभी—
और कम-कम जानते हैं सभी—
'बीतना' की 'ठठना'
'बहना' की 'रहना'
'रहना' की 'सहना' है
पक्की सहेली!

भात बेरहटिया का

गाय के घी और सरसों के तेल की तरह
धरती में गाड़कर पुराने किये हमने
आपस के सब चुटकुले!
फिर एक दिन ऐसा भी आया,
कम्प्यूटर की फ़ाइलों की तरह
समझने लगे हम इशारे फटाफट!
आरम्भ के दो ही अक्षर की टिप-टुप पर
उग आतीं बाक़ी तमाम पंक्तियाँ हम पर
जो कही जानी थीं आगे!
बूझी जातीं सब पहेलियाँ,
'खुल जा सिमसिम' कहने के पहले
खुल जाते सारे दरवाज़े!
मसलन कि मैं जो कहूँ—
"आज सर दुख रहा है,
पर मौसम अच्छा है...
ऐसे में मैं अपनी माँ से क्या
कहती थी, बोलो तो—
बोलो कि क्या कहती थी ऐसे में माँ से
जब घर के इकलौते बड़े पलँग पर
बैठा रहता था हुजूम मौसियों का?"
"मौसियों-बुआओं की फ़ौज की
महामौज तोड़ती हुई
कहती थी माँ से तुम—

'माँ, मुसहरी गिरा दे
दुद्धू पिला दे, निनिया सुला दे...
ऐसा ही कुछ...है न?'"

पार फ़ोन के फ़ाइलें देखते-देखते
परमयान्त्रिक भाव से यह पहेली
जाते हो तुम बूझ
इकतीसवीं बार शायद!
"तो मेरी मसहरी गिरेगी कब?"
"अभी तो बहुत काम हैं"—उत्तर तुम्हारा भी प्रत्याशित!
वो चाहे जो हो
पर इतना तो सच है
बेरहटिया के भात की तरह
आपस के सारे बासी चुटकुले
जीवन की जिह्वा पर
एक अजब-सा स्वाद रचते हैं।

आग पर धुआँ कर पकाई गयी मिर्ची में
सरसों का तेल और नमक डालकर
ठण्डे, बासी भात में भी
एक अजब-सा स्वाद रचती है
हर पुरानी सोहबत!

टूटी घड़ी में समय

छोटी-सी एक टोकरी में
सजा हुआ है सोविनियर-सा
टूटी घड़ी की तरह का ये
टूटा सच!

पुल बढ़ते होंगे लगातार
नदियाँ रुकती-थमती बढ़ती हैं
टूटी घड़ी में समय की तरह!
सटकर नहीं रहते पुर्जे!
पुर्जा-पुर्जा है समय!
चीज़ों में नहीं,
चीज़ों के बीच की दरारों में
स्मृतियाँ
बैठी हैं आसन लगाये, दिये पालथी
जैसे कि
दो पेड़ों के बीच
वनदेवी!

बस-टिकट

ये बढ़ते हैं बिना पाँव के
ठसाठस्स ठुँसी हुई बस में।
आँखों-आँखों में हो जाती है गुफ्तगू
और हाथों-हाथ बढ़ता चला आता है सिक्का,
पुल-सा बन जाता है अनजान हाथों का :
दुनिया का सबसे अनूठा पुल!

कह गये हैं बिहारीलाल,
दोहा है कौन-सा—नहीं याद—
लेकिन सन्दर्भ है कि एक भरी सभा में
दूर-दूर से देखते हैं
एक-दूसरे को दो प्रेमी—
मिल जाती हैं उनकी आँखें, फिर हँस पड़ती हैं!

भरी सभा में
चिरपरिचित आँखों का गुपचुप संवाद
दुनिया का सबसे बड़ा होता है शायद रोमांस—
ऐसा समझती थी मैं आज के पहले।
आज लग रहा है कि अनजान आँखों का
यह भाईचारा—
शायद उससे भी बड़ा है रोमांस!
आदमी का आदमीयत से रोमांस यह
शायद है
आदिकालिक।

❑❑